工商時報叢書〈決勝大陸系列〉⑤

行銷大陸市場

掌握十億人口消費流通脈動

「決勝大陸」叢書總序

九〇年代的中國大陸，以其改革開放及快速成長的經濟，引起世人的高度關注；並在國際經濟舞台上，興起史無前例的「中國熱」。更精確的說，這一風潮自一九九三年起，已從重新認識「紅色中國」的觀變階段，大步推進到搶佔大陸市場的決勝階段。

根據統計，一九九三年大陸經濟成長率高達一三・四%，躍居全球首位；當年吸收外資金額超過三百億美元，世界銀行形容為「全球外資最大吸納國」，這正反應了當今全球「決勝大陸市場」的風潮。

同樣的，台灣對大陸的年貿易量已達二百億美元，對大陸的投資額累計也已接近一百五十億美元，兩岸經貿在當前台灣對外經貿中佔有極為重要的地位。台灣要發展成亞太營運中心，也不能排除以大陸市場為腹地。因此，這場「決勝大陸市場」的全球風潮，更攸關未來台灣的經濟發展。

然而，大陸甫掙脱計畫經濟的樊籠，走向市場經濟體系。在這「摸石頭過河」的過渡時期，大陸仍是個充滿風險與變數的市場。而兩岸政經糾葛不清，更增添一重障礙。因之，台灣正面對此一「大機會與大風險」的世紀挑戰。

在這樣的心情和關注之下，我們特地擘劃了《決勝大陸》系列叢書。這套叢書共有六冊，分別是「歷史的巨變」、「經濟中國」、「一九九四年中國大陸經濟藍皮書」、「搶灘大陸版圖」、「行銷大陸市場」及「台商大陸對決」。

這套叢書出諸台灣知識份子的深邃觀察、大陸學術菁英的集體探索，以及本報記者群的實地調查，從宏觀的體制變革到微觀的商戰商潮，從大陸經濟形勢的預測到逐鹿大陸市場的實戰經驗，從區域經濟的投資條件到十二億人口的消費脈動，可以說既具理論意義，兼具實用價值，希望能對關心兩岸經貿的朋友有所助益。

彭垂銘

〈編輯室報告〉

台商頂新集團的「康師傅」速食麵在大陸造成轟動後，緊跟著八寶粥、水蜜桃汁、芒果汁等各種台灣生產的食品飲料，也紛紛投入大陸市場的開拓行列。

同時，在麥當勞於北京創下全世界開業首日的銷售新高峰紀錄之後，包括美而美快餐、三商百貨等各式連鎖店，對於「躍馬中原」，也都躍躍欲試。

一時之間，如何掌握大陸十多億人口的廣大內銷市場，已經取代了早先以取得廉價的勞工和原料為目的的大陸投資行動，而成為當前台商在大陸投資行銷的最熱門話題。

工商時報大陸新聞中心這一年多來，除了頻頻派遣記者深入大陸各地，實地採訪台商在大陸投資、銷售、經營的情況外，也特別約請熟知大陸內銷市場的大陸人士，陸續為讀者撰寫專欄報導大陸改革開放以來的各種新商機。這一系列的「市場掃瞄」相信對有志於拓展大陸市場的台商，應有極高的參考價值。

最近半年來，中國大陸為了控制物價、整頓金融，展開了十六條強力的宏觀調控措施，影響所及，房地產及土地的開發熱潮已受到挫折，而且，深圳、上海股市的行情同樣也受到壓抑。雖然如此，大陸的消費能力依然被各國所看好；中共吸收外資的統計數字亦不斷再創新高。展望未來，宏觀調控的力度勢將放緩，而金融改革等各項措施則仍將持續進行，大陸內銷市場亦將漸趨於開放，有志開拓大陸內銷市場的台商，不宜錯過這本掃瞄大陸內銷市場的深度報導。

目錄

■預估消費趨向

■掌握行銷通路

■新興各行各業

預估消費趨向

細數大陸內銷商品的明日之星

■石安亭

中國大陸是世界上最大的市場之一，其消費趨向，對台商而言亦至關重要。據經濟學家預測，只要鄧小平的改革開放路線得以順利貫徹，又無嚴重的自然災害，大陸今後十年國民生產總值年均可增長百分之十至十二，人民生活水準年均增長百分之六以上，估計到本世紀九〇年代中、後期，大陸大中城市、沿海和經濟發達地區人民生活水準可望進入小康階段；到本世紀末，大陸大部份地區達到小康水平。未來十年間，人們為提高生活品質，其消費趨向將出現「發展」需求為主體兼顧「享受」需要，這場新的消費革命，會促使整個工業的更新換代。

家電用品在農村市場潛力足

家庭電氣化將進一步實現。目前大陸城市居民的電器耐用消費品（即彩電、冰箱、洗衣機等家用電器）的普及率已達百分之八十以上，更新換代一般需要十年左右時間，更新期約在一九九五年左右，目前城市居民家庭所嚮往的是空調器、錄像機、電話、組合音響、電子遊戲機、熱水淋浴器、電炊具、攝像機、家用電腦等新一輪家用電器。在廣州、上海和北京、天津等大城市，居民家庭對新一輪家用電器的擁有量已相當可觀，發展趨勢極快。以售價人民幣一萬元左右的家用攝影像一體機為例，據粗略估算，上海現擁有率每千户二台，全市月銷量約二千台。在農村，八十年代已完成住宅建設消費的農户，正在逐步進入城市的前一輪消費，即彩電、冰箱、洗衣機等耐用家電的消費，目前的普及率僅百分之五左右，沿海地區農户的普及率較高些，內地、邊遠地區、山區不少地方還是空白點。由此可見，農村市場的潛力很大，從發展趨勢看，各類家用電器仍將是九十年代大陸城鄉居民的消費熱點。

五年內有百萬輛汽車要汰換

以小轎車和摩托車為主體的交通工具將成為人們的又一消費熱點。大陸小轎車八〇年代的消費主體是機關事業單位和大中型企業，九十年代起已不斷向中小型企業延伸，目前，大量鄉鎮企業、沿海地區農村的專業户、企業承包者、私營企業、個體經營者和一些先富起來的城鄉居民如畫家、歌星、影星及有海外關係的家庭，對小轎車都越來越青睞。另外，近五年內，大陸將有一百萬輛汽車需要更新，一九九二年為十五萬輛。目前大陸生產的轎車品種有桑塔納、奧迪、標致、夏利等，一九九一年轎車年產量為八萬輛，一九九二年市場胃納在十二萬至十七萬輛之間，輕微型車的需求則略超二十萬輛，供需矛盾還較突出。一旦十二億人從自行車上坐到汽車上，其市場前景可想而知。摩托車在大城市由於交通道路的制約，一時難以普及，但在中小城市、大城市郊區和廣大農村仍將有極大的市場。

辦公自動化用品需量激增。大陸有龐大的黨政機關和幾百萬家企事業單位，隨著管理水準的提高和強化辦公效率的需要，電腦、桌面系統、電腦打字機、複印機等辦公自動化系列產品在九十年代有大量的消費需求。

住宅革命帶動家庭用品消費

住宅革命、廚房革命、衛生間革命及由此引起的室內裝飾浪潮，據一項抽樣調查顯示，目前大陸居民用於住房裝修費用一般在人民幣四、五千元左右，高的達數萬元之多。各類組合家俱、沙發、工藝裝飾品需求很大，煤氣灶及灶台、微波爐、電烤箱、電炊具、熱水淋浴器、浴缸、抽水馬桶等室內用品，在九十年代中期會形成新的消費熱潮。此外，八十年代在大陸各大城市拔地而起的一批高檔賓館，經過十年運作，絕大多數已進入更新換代時期，也亟需大批高檔系列化的裝潢材料，包括建築五金、牆地裝飾材料、成套廚房設備、新潮家俱、高檔家用電器、紡織裝飾精品等。

穿戴消費將趨向個性化發展

服裝、鞋子、首飾等穿戴消費將向時尚化、個性化發展。時尚流行金銀首飾、高中檔手表、各類保護肌膚的化妝品、美容品，特別是具有潔膚、防止紫外線和有毒氣體粉塵的護膚品、天然成份的護膚品以及適宜春夏兩季使用的清潔加調和功能的護膚品將有較大的市場。

以提高生活品質和健康水準為主流的食品工業將取代以溫飽為特徵的傳統

食品工業。以糧食為主體的膳食結構將轉化成動物類即畜產品、水產品，果蔬類即水果、蔬菜和糧食類三足鼎立的食物結構，尤以綠色食品開發前景看好，包括大米、食用油、茶葉、蔬菜、水果和乳製品等。保護健康的低脂、低鹽、低糖類食品、天然食品和保健食品，以及隨著生活節奏的改變，作為主流食品的方便食品，如冷凍小包裝食品、半成品包裝食品、快餐業將有較大市場，以調節口味為主的特色食品同樣具有廣闊的市場。吊鮮頭、求天然、講風味的精品調料將代替油鹽醬醋味精等低檔調料。低度酒、低糖、低酒精飲料和無糖、不含酒精飲料、果蔬飲料及天然礦泉水，將逐步取代酒精和高濃度飲料，與茶葉、咖啡平分秋色。

建築材料市場仍將繁榮興旺

以基礎設施和住宅建設為中心的投資品需求仍在不斷擴大。交通、郵電、能源等基礎設施一直是大陸經濟發展和提高人民生活水準的嚴重「瓶頸」，從一九九〇年開始基礎設施已成為各地政府投資的重心，這趨勢將延續到二十一世紀初。同時，城市住宅商品化是九十年代大陸改革的重要內容，城市房地產建設的步子將會大大加快。因此，建築材料的市場需求仍將繼續繁榮興旺。

在未來的日子裏，大陸消費領域以高品質、新款式為標誌的市場競爭將日趨激烈，大批企業都將被迫進行技術改造，採用新材料、新設備、新工藝和新技術。九十年代機械設備和新材料的需求將比八十年代市場更好。

進軍世界第一大市場

■戴國良

中國商業有兩項較為顯著的變化：

「深化改革，擴大開放」可說是中國大陸經貿發展的濃縮寫照；目前全球都處在經濟不景氣的陰影下，唯獨中國大陸市場一枝獨秀，其市場的規模與潛力將獨步全球，應非溢美之辭。

商業系統的變化

中國商業有兩項較為顯著的變化：

第一：在改革開放前，市場商品短缺，但經過十三年「深化改革擴大開放」後，城鄉貨源充足，市場交易活躍。一九九一年度中國全國社會商品零售?九三九八億人民幣，遠比一九七八年（改革開放前）激增五倍多。

第二：在改革開放後，積極放寬集體、個體及私營經濟的發展，形成多元化流通體系的新格局，國營商業公司不再完全壟斷市場。

以一九七八年與一九九〇年互做比較來看，在全國商品零售總額中，各流通機構所佔比例變化如下：

●國營商業比例：從五四・六％下降到三九・六％。

●集體所有制比例：從四三・三％下降到三一・七％。

●合營商業比例：從〇％上升到〇・五％。

●個體及其他型態商業比例：從二・一％上升到二八・二％。

第三：現在中國的國營百貨公司及商業企業，均已轉變為自負盈虧的商業機構，並打破了地區分割部門封鎖的政策，均可跨區自由競爭。

消費力顯著增加

一九九一年中國全國城鄉全部儲蓄存款高達九一〇〇多億人民幣，比一九八七年增加三倍多。而中國大陸的外匯存底已達四五〇億美元；一九九一年的外貿出超也有八〇億美元之多；這些數據均顯示中國人民的財富逐步在累積中。

中國的城市員工，每年工資從一九七八年的六一五人民幣，增加到一九九〇年的二一四〇人民幣，十三年間增加二・五倍薪資。而在廣大的農民，全年收入亦從一三四人民幣增加到六三〇人民幣，增幅達三・七倍。除前述工資外，中國員工每月還有各種津貼與獎金，這些大概佔工資的四〇%，所以，實際的薪資所得還要更高些。

以一九九〇年度消費品零售額來看，我們有如下的指標：

●排名前十大省份市場：廣東（六七七億人民幣）、江蘇（五一五億）、四川（四七二億）、山東（四六〇億）、遼寧（四二一億）、浙江（三五四億）、上海市（三三四億）、湖北（三二六億）、河南（三一四億）、黑龍江（三一〇億）。

●排名前十大城市市場（不包括市轄縣）：上海市（二六六億人民幣）、北京市（二六〇億）、天津市（一三〇億）、廣州市（一二四億）、瀋陽市（一〇三億）、武漢市（八四億）、重慶市（六二億）、西安市（六一億）、大連市（六〇億）、南京市（五八億）。

●排名前八大每人國民生產毛額之城市：深圳（二七二四〇人民幣）、珠海（九六一七元）、廈門（七六一二元）、廣州（七二二五元）、上海（六五三一元）、北京（六四〇〇元）、杭州（六三五五元）、大連（五六六四元）；以上八個城市均比全國四六七個城市的平均值二七〇一元，高出甚多，顯示消費力之強。

中國批發與零售體制

中國市場批發業商品的收購方式，大致可區分以下類型：

1.統購：僅適用於少數國計民生的商品，如棉、糧、酒等；這些商品由國營生產工廠賣給國營批發企業。

2.計畫收購：係指由中央直接計畫管理的商品，例如蔬菜、棉織品、肥皂等生活必需品。

3.訂購：批發商業根據政府商工部門聯合下達指令，與生產工廠簽訂合同契約，使產銷銜接。

4.代抵代銷：批發商為幫助生產企業（包括中國的鄉鎮企業、及外國的三資企業）開拓市場。

5.工商聯營：生產企業直接參與流通經營，售給零售店。目前中國大陸較大的國營批發公司，例如上海交電家電集團公司、上海紡織品公司、北京交電公司、天津百貨採購供應站等均是。

中國市場的零售方式，則可區分如下：

1.國營商業：這是屬商業部的各級大小百貨公司及商場所組成，均自主經營自負盈虧。到一九九〇年止，全國百貨商店計有十六萬家之多。較具規模的百貨商店，均會加入下列四大聯會中的一個：

(1)全國大型百貨商店貿易聯合會（簡稱貿聯會）。
(2)全國大型百貨商店經濟聯合會（簡稱經聯會）。
(3)華聯商廈集團（有十四家，設於沿海開放城市）。
(4)全國新興商場開放聯合會。

定期召開採購會議

以上各聯會每年均定期舉辦「訂貨會」，供為採購決定。到一九九〇年止，全國國營商業零售企業計三八萬個，社會商品零售額為三二八六億人民幣，佔全國四〇%，是最大的商品行銷通路。目前，中國較負盛名的前六大百貨公司，依序為：上海市第一百貨商店、北京市四單商場、北京市百貨大樓、上海市華聯商廈、北京市東安集團公司、以及廣州市南方大廈百貨商店。

2.集團商業：此係由鄉鎮農村的供銷合作社及城市的合作商店所組成，可相互聯營，可與國營商業聯營，可批發也可零售。目前計有一二〇萬個零售企業，零售總額為二六三一億元，佔三二%；為次多的商品行銷通路。

3.個體商業：個人均可從事，叫個體户。計有七二三萬個，零售總額為一五七〇億元，佔十九%。

4.合營商業：此係指中外合資、國營企業與集體企業之合資，商業與工業間合資等商業公司。計有二五〇〇多個，其中，中外合營企業佔三三〇個，零售總額為四〇億。

零售業進貨通路

目前中國市場零售業進貨通路（渠道）大致有：

1.從當地國營批發企業進貨。

2.從外地批發企業進貨。

3.從國營生產部門直接進貨。

4.從進口公司進貨。

5.從其他管道進貨，如試銷、展銷、交易會、貿易中心、訂貨會等。

目前中國市場的消費品進口額尚在起步階段，所佔比例算小，主要原因是中國政府仍不願大量開放進口耗用外匯。因此，對大部份消費品課予極高關稅；例如服飾要課七〇～一〇〇%，濃縮飲料要課八〇%，錄放影機要課八〇%，家具要課八〇%，此外，有些限制性產品尚須取得進口許可證才行。

較大的進口量仍集中在政府所屬的十多個大型專業進出口公司，諸如中國糧油食品進出口公司、中國電子進出口公司、中國紡織品進出口公司等機構。不過，近年來改革開放後，外貿經營權逐漸由專業進出口公司，下放到各省、市、自治區。有不少的各地方進出口公司，現已實行外貿承包經營責任制，自主經營進出口業務並自負盈虧。

拓銷中國市場的門道

拓銷中國市場可從以下四個方向加以考量：

第一：設廠取得內銷權比例。中國大陸到目前為止，仍以吸引外資為主，內銷權之申請仍頗嚴格且有選擇性的。因此，如果能投資設廠，並且由合資或合作夥伴向當地政府積極爭取三〇%的內銷權，甚或更高比例。然後，再洽妥國營批發系統迅速舖貨到各零售據點；或者洽妥各大型百貨公司爭取訂貨。

第二：尋找代理商。透過非國營企業的代理商，協助我們批發給零售機構；而代理權可視狀況條件，而決定是批發代理或零售代理，是全權代理或地區代理。

第三：自行推廣：包括舉行展售會或者承租賣場銷售或者租專櫃銷售，這些都是港商拓銷中國市場常見的方式。

第四：與國營企業合資，利用其現有銷售渠道（通路）系統，也可迅速將商品舖到廣泛的零售據點。例如食品業想進軍中國市場，可考慮與龍頭老大中國糧油食品進出口總公司合資或合作，亦可與各省市糧食局（如北京市糧食局）合資合作。

進軍世界第一大市場

中國大陸人口已達十一・五億之鉅，佔全球人口五分之一強，僅中國四川省就有一億人口，山東省就有八三〇〇萬人口，北京市與上海市人口都已達一千萬。光是北京市與上海市人口總和就抵得上台灣地區的人口數，這是頗令人震撼的數據比較。

今年，中國又再次開放諸如航運、餐飲、交通、貨櫃、零售等第三級產業市場；若加入GATT之後，勢必調低進口品關稅及大幅開放國內市場。

在「深化改革擴大開放」中，我們隱然看到沈睡中的巨龍，已慢慢甦醒了；中國在廿一世紀成為世界第一大市場，也應該是指日可待的。

以「台灣情，中國心」的手足角度來看中國市場未來的光輝璀璨，除了同感慶幸，驕傲之外，更隱含了台灣地區的企業家，未來應如何妥慎規劃並配合政府大陸政策，期使能夠順利拓展中國市場。

總之，兩岸有骨有肉有信心的中國人，都會立下廿一世紀的誓言：「讓中國成為世界第一大經濟強國，超越美國、德國及日本……」

中國大陸廣告媒體世紀大變革

■王玉鳳

大陸的廣告業開支去年（一九九二）以九三％的超高成長率震撼了不少在大陸投資設廠的台、外商，尤其是以內銷著眼的廠商，看著別人的產品一一在大陸打出了名氣、打響了名聲，許多商人也迫不及待地開始找尋適合的廣告公司為自己的產品訂立最佳的行銷、廣告策略，使得廣告業更為欣欣向榮，而與廣告業有絶對密切關係的大陸媒體，也悄悄地掀起了一場面向市場的大變革。

目前中國大陸較能達成傳播效果的媒體有電視、廣播、報刊雜誌以及户外看板，而如何和這些媒體打好關係，使自己客户的廣告能用最低成本上廣告，達到最高效益，就成了每一個到大陸合資合作搞廣告業的人必修課程，北京國安廣告公司總裁鄢鋼即表示，大陸的媒體是得靠關係才上得了廣告的，事實上，許多到大陸合資廣告公司的廣告業者，最注重的都是合資「中」方的媒體關係，因為没有好關係上不了媒體，廣告業在大陸等於寸步難行。

廣告上電視頻道受盡擺佈

事實上，大陸的媒體仍然存在著一些令高度商業化社會來的人無法理解的現象，以大陸效果最宏大的電視媒體（主要是中央電視台）來看，六億的收視人口，是一個太驚人的數字，可是一來規定電視廣告不能打斷節目，只能在節目頭尾播出，二來還有政令宣導或是重大事件發生，廣告不是被抽掉就是統統擠在一起播，北京肯德基總經理施逢生舉了一個例子；當他初來大陸時，一天晚上等著黃金時段看肯德基的廣告播出，結果等呀等，等到了午夜，節目要收播前，電視台一股腦兒把前面沒播的廣告統統播掉——然後收播，看得他目瞪口呆。這是電視台制度不良以及缺乏廣告意識的作法，倒楣的廠家當然是無法要求賠償（因為再吵的話你們公司的廣告就永遠別想上電視了），三來因為廣告時段有限，電視台大都規定合資及外商獨資企業要上廣告得加收三〇～六〇%不等的費用，這對合資、外商獨資企業來說，無疑是件極不合理的負擔。

由於大陸民衆娛樂有限，電視開機率特別高，豐富聲、像的電視廣告常能帶領消費風潮，而電視廣告的用語與人物如雀巢咖啡的「味道好極了」；以及頂好清香油的代言者吳静嫻，都已為大陸民衆熟知，因此，電視廣告的價格特別昂貴，中央電視台近年來調價不只四、五次，目前每十五秒的黃金時段廣告，要賣到二十萬元人民幣以上。

不過，目前還有一種大陸所謂的二類廣告（即企業介紹）正悄悄興起，以介紹企業本身為主——當然免不了介紹企業的產品等等，這種二類廣告就比一類（商品）廣告便宜一點，而且可以打企業整體形象，據悉，一些有閑錢的鄉鎮企業很喜歡用這種型式上電視（廠長也可以順道出出風頭），不過其效果如何，尚待觀察。而大陸各地的地方電視台也逐漸朝市場看齊，如上海今年開播的民辦電視台——東方電視台，其商業化色彩就十分濃厚，穿插廣告也不少，像極了純商業電視台。據了解，一些廠商已改弦更張，不再一窩蜂搶中央電視台，而轉向地方電視台下工夫，針對其產品的重點銷售地區、城市猛攻廣告，隨著大陸商品經濟的逐漸發展，未來頻道有限的電視，相信仍是最炙手可熱的廣告媒體。

廣播效果日降絕地大反攻

在廣播方面，大陸的廣播顯然是屬於效果較差的廣告媒體。大陸的首則廣告出現在一九七九年的電視頻道上，在此之前媒體不准有商業性廣告，等於大陸民衆一開始接觸的就是電視廣告，而不像台灣，在電視未引進流行前度過了不少廣播上廣告大戰的時光，時值今日，台灣的電視廣告雖然搶走了不少廣播的地盤，在計程車上我們仍是可以不時聽到賣藥、賣唱片……的廣播廣告，反觀大陸，不論民衆家中或出租車上，很少聽到廣播節目，開機率的下降使得廣告主對投下大筆資金在廣播媒體上心懷畏懼。一名大陸出租車司機在車上一邊聽著台灣歌星的錄音帶一邊訕笑著：「電台裏老是那些宣導、教條，音樂節目又舊，我才不愛聽呢！」當然一般民衆回了家更不會不開電視開電台了。

針對聽衆流失的情況，各電台也作了內部的改革準備，與外商葛瑞廣告公司合資的北京國安廣告公司即包下了北京經濟台的黃金時段，準備作一個活潑且介紹企業的「廣告化節目」，除了將時間「包」出去確保一定的收入外，北京的廣播電台也針對分衆的出現將本身分立為音樂台、經濟台、兒童台……等不同性質的部門，分管各頻道。北京兒童台策劃楊雪指出，他們除了更新以及活潑化各自的節目內容，還會與企業合作，爭取贊助及合作。

頭版全頁廣告震驚全大陸

而中國大陸的報業也開始走向市場經濟，各報社紛紛增加頁數，提高廣告費，今年（一九九三）年初，上海文匯報在頭版整版刊登一幅冷氣機的廣告，註明該廣告收入一百萬元人民幣全部捐給東亞運動會後，最近，上海解放日報又以四十五萬元人民幣的高價，將頭版「出賣」給房地產商做廣告，廣告把頭版新聞擠開是大陸報紙四十多年來破天荒的事。目前許多企業都向報社要求在頭版刊登整版廣告，以增加產品的知名度。

中國大陸傳播界的專業報「新聞出版報」指出，在北京發行約一百家較具規模的報社，有六成以上計劃今年內增張，以應付日益增多的新聞資訊及廣告量，而全大陸的報紙估計今年內會再增加二百五十種左右。事實上，隨著企業間競爭加劇以及國營企業的自主權擴大，廣告費用已隨之水漲船高，如「法制日報」半版廣告費已從人民幣一萬九千元上漲到二萬九千元，「中國青年報」整版廣告也從四萬元人民幣漲到七萬元人民幣。發行量大的如「人民日報」、「經濟日報」要上還得排長隊，北京奧美廣告公司負責人陳碧富表示，在大陸要上廣告其前置時間要預先留好，在台灣要留兩天的時間，在大陸至少要留二十天。不過大陸廣告業者也指出，針對產品性質上不同性質的報紙才能有最大的效果，例如專業報紙「計算機世界」其發行量雖不是很大，但其廣告卻比任何一個發行量大的報紙都難上，認清報紙的性質及讀者群是未來外商想登報紙廣告首先應該考慮的要素。

電子看板市招布條和平共存

各類媒體中，户外媒體近年在大陸的發展特別引人矚目，以往大陸的户外廣告，只有布條與油漆看板，去年廣州開始出現電子看板，一九九三年底北京西單更出現一個面積一百平方公尺的超大型電視廣告屏幕，透過與日本三越與日本松下的合作，大陸得以發展此超過其產業水平甚多的「媒體」，可見大陸學習商業化的速度突飛猛晉。另外，户外傳統看板也多了不少種型態，有半路標動的廣告牌，還有公用電話外觀看板專門租售給廣告客户之用，處身在上海灘或北京王府井，處處可見五顏六色的布條及各式看板在外招搖，隨著高科技電子看板及電視大屏幕的在大陸出現，未來户外媒體將成為廠商打廣告的新戰場。

外商廣告決勝大陸市場

■陳絜吾

一九七九年之前，大陸並不存在商品廣告，至今在中共的法規限制下，也只容許合資廣告公司成立，對外商廣告公司而言，在一個毫無根基的行業裏找尋合資對象，當初考慮的「利基」可能是為了掌握媒體、或是人才養成較快、或是管理上可完全主控……，外商廣告公司有種種不同的考量；去年獲利最多的北京麥肯光明廣告公司中國地區總經理饒恩賜表示，時至今日，這些不同的成立背景已經成為新客户選擇廣告代理公司時重要的參考依據，也可說是外商廣告公司決勝大陸市場的利器所在。

目前大陸有外資色彩的廣告公司大致上可分為四大類，以經營型態來分，可用逐島躍進型、全面擴張型、各自為政型，以及據地稱雄型來描述，型態不同，這些廣告公司所賴以吸引新客户的原因也不同；相同的是，由於大陸行銷通路、傳播媒體非常難以隨廣告主的心意運用，為了統籌指揮整個行銷活動，廣告代理公司經常對企業的行銷活動或事件涉入很深，以北京奧美而言，負責人陳碧富必須遠赴四川，到成都參加糖菸酒交易洽談會，替客户佈置攤位，可知其業務範圍已經不只一般廣告代理，通路規劃和公關活動也在服務的項目之中了。

逐島躍進型——外商廣告公司進入大陸的中方合資對象是地方型的廣告事業，典型的例子是奧美廣告公司，奧美在大陸的第一家公司在上海，合資對象是上海廣告公司，爾後隨著業務擴張而開設北京奧美，日後將逐步推進到廣州、成都，合資的對象一直都是上海廣告公司，不因分公司地點不同而另外找伙伴。

對於廣告主而言，這種逐島躍進式的廣告公司好處在於，當廣州奧美成立時，廣州當地想打進上海或北京市場的企業，在京滬將可以得到根基已經十分穩固的廣告公司搞定行銷活動，例如北京統一公司為了打進上海市場，就委託上海奧美進行整體消費市場調查，滾石唱片亦是如此。

奧美這種穩紮穩打的方式，使得合資對象上海廣告公司由一個地方性廣告事業，隨著奧美而向全大陸擴張，以奧美全球二八四家分公司的實力和一家地方性公司合夥，初期在上海可能奧美還無法主控全局，但是奧美在大陸公司愈開愈多，上海廣告公司的配角地位將愈來愈明顯，奧美日後可以穩穩地導入本身想建立的風格，對廣告主而言，可以留下穩健經營的企業形象。

奧美找上地方型廣告公司合資，缺點在於無法掌握媒體，大陸的媒體算是奇貨可居，收費一年數漲，關係好才能如願如期上廣告，加上大陸各省市各有地方性發行或放送的媒體，地方性的電視台、報紙、電台，甚至每個地方的戶外廣告看板都有不同的門道要找，上海廣告公司可能吃得下上海市，要打通北京的媒體可不一定。

陳碧富認為，找地方型廣告公司還有一個缺點，就是雙方對於廣告的概念差距太大，執行和作業方式不同，甚至基本的企業策略都不同。號稱去年在大陸業績排名第一的中化廣告公司，其業務居然包括房地產、投資諮詢、仲介、貿易……，廣告反而成了副業。

北京恆美（ＤＤＢ）是另一種逐島躍進型的廣告公司，在上海、廣州，恆美都有辦事處準備升格為公司，但是恆美計劃找當地的廣告公司另行成立分支，原來的合資對象北京廣告公司並未隨恆美在大陸擴張。總經理黃耀國表示，這兩年大陸廣告產業有些亂，由於廣告想上中共媒體十分依賴大陸夥伴的關係，因此恆美必須對合資的中方作一番仔細的篩選工夫。

恆美的合資方式，好處是在大陸的每一家分公司都可以確保廣告如期上得了，然而每一家分公司也都會受不同的中方單位牽制，人事的統籌規劃對於恆美是件費神的麻煩事，恆美在一九九一年十二月領牌，去年八月開張，黃耀國表示迄今沒有盈餘。恆美隨地點不同而更改合資對象，可能使每一家分公司的人事費用都比較高。

全面擴張型——麥肯光明是典型的例子，有趣的是和恆美合資的北京廣告公司，先後和奧美及麥肯談過合作事宜，陳碧富表示奧美因為雙方理念相差太遠而找上上海廣告公司；麥肯總經理饒恩賜則表示，上海和北京廣告公司都是地方性公司，無法快速擴張，而且北京廣告公司是另行派人組織合資公司，客户歸屬劃分不清，因此麥肯找到光明日報合作。

光明日報也是具有媒體優勢，而且是全國性媒體，和中共中央較為親近，饒恩賜表示，麥肯是第三家獲准成立的外商廣告公司，卻是第一家同時成立三處分支公司的，事實證明擴張非常快速，而且統籌客户非常方便，光明日報在全大陸各省都有記者，「想要富、拉贊助」，大陸記者拉生意的本事早就口碑卓著，饒恩賜表示，搞公關活動沒有人比得上大陸記者，麥肯這種合資方式正好化阻力為助力。

值得一提的是，麥肯雖然未和北京廣告達成合資，卻把原來北京廣告總經理牛愛國及其班底挖角過來，可見大陸廣告人才之不易獲得，在麥肯全力擴張的同時，饒恩賜表示他一人總攬大局非常累！大陸廣告人才還不足以銜接分勞，四月份他將飛回台北找人手。麥肯光明的人手不足，可能在服務客戶上會遇到困擾。

各自為政型——葛瑞（GREY）和北京國安廣告公司的合資就是這種型態，國安廣告公司是中共中國信託投資公司集團底下的一份子，也是一家全國性的廣告公司，國安和北京廣告一樣，合資公司是另行成立的單位，葛瑞廣告在北京目前完全以引進港產廣告進入大陸媒體為主，國安廣告則自己搞自己的事業，雙方的合資以一年為期限，屆時再看效益如何決定合資關係的存續。

以國安廣告的動向來看，並不將該公司與葛瑞的合作視為很重要的一項事業，國安廣告公司總裁鄢鋼表示，將和日本三越百貨合作，發展户外媒體，在香港替深圳康佳電子和金松洗衣機拍廣告，和台商新學友搞演唱會，找楊登魁拍電影，甚至還想在華北代理三陽機車銷售，在北京電視台買時段做廣告化的節目，這些業務葛瑞皆未涉入其間。

這種各自為政的合資，可能是大陸廣告公司在幾年以後學到本領了，就把雙方關係了結，在雙方合資期間如果招攬到新的廣告主，在分手的時候可能免不了一場客户歸屬問題，對廣告主造成無謂困擾。也可能外商廣告公司在合資期間也是且戰且走，初期先在大陸找到立足點再說，日後找到更理想的大陸單位合作，各自為政的中方伙伴屆時也好聚好散。

據地稱雄型——大陸的傳播媒體都是奇貨可居，國安廣告公關經理蘇曉山就表示，「中共的許委不是人人可以進得的，廣告不靠關係不是人人可以上得的」，這也是大陸本土廣告公司在專業人才奇缺乏下還有外商廣告公司願意合資、還幫助養成人才的原因，香港經濟日報的報導就說，大陸一些地方性的傳播媒體，不去想著改善印刷或放送的品質，卻搞一家廣告公司自己把生意兜攬下來；難怪恆美總經理黃國耀說南方的合作對象要篩選、篩選。

以廣州南方日報為後盾的南方廣告就是一家以地方性報紙起家據地稱雄的廣告公司，有別於一般盤踞媒體的大陸土產廣告公司的是，南方廣告吸收香港和台灣廣告作品概念的速度十分驚人，而且把自己定位的很清楚，該公司心儀的合資伙伴是香港本土的十九家四A級中型廣告公司，不是前述如奧美之類的跨國大機構，南方廣告公司總經理李迪生表示，廣東的消費風氣深受香港影響，以該公司的條件而言，有效地利用媒體優勢，吃下廣東當地市場才是較務實的策略。

在北京賣康師傅方便麵的台商頂宏企業就表示，大陸市場太大了，不是一口氣可以全部打下來的。對於想在大陸單一省份或區域市場立足的企業而言，如果能找到類似南方廣告專精一省的廣告代理商，倒是和企業的利基一致的好事。

粗略地分，大陸的外商廣告公司有逐島躍進型、全面擴張型、據地稱雄型和打帶跑的各自為政型，其實他們的作風和想打進大陸市場的企業一樣，就像麥肯光明客户可口可樂的全面擴張、北京恆美廣告主麥當勞的逐島躍進、頂宏方便麵和詩芙儂化妝品的據華北之地稱雄，乃至於若干港台房地產商的打帶跑短線作風，似乎廣告代理商的作風如果和其廣告主的大陸策略若核符節，是雙方覺得「速配」的重要前提。

銀彈造成媒體質變

■陳絜吾

以往外資企業想在大陸報紙和電視登廣告，第一樁煩惱是其收費就比一般大陸廣告主貴三〇％；其次是本土的大陸商人特別相信廣告的效力，甚麼產品都要上電視做廣告，使得媒體成了老大，愛讓誰登廣告全憑關係；第三大煩惱則是廣告在甚麼時段播出，全憑媒體高興。但是外商廣告公司這幾年和大陸媒體打交道、建立良好關係之後，這些遠渡重洋的外來和尚，也替廣告主發展出一些因應行銷大陸市場和中共廣告法規的特殊念經方式。

中共國家工商管理局四月初透過中共新華社發布官方對廣告的六大管理原則，其中明令：禁止任何單位和個人通過各種廣告媒介，使用黨和國家領導人的名義、形象、言論進行商業性廣告宣傳，不得引用國家領導人視察企業，出席企業慶典活動，接見企業領導人或職工的講話和照片，違反規定者將從重處罰。

節目廣告化肆無忌憚

但是大陸電視台的節目廣告化愈演愈烈，北京中央電視台每天播出好幾次的「經濟信息」，報導大陸經濟和企業動態，內容全是某大陸企業生產的名、優新、高產品，要不然就是田紀雲之類的中共高官視察某廠，該廠列入火炬、星火計劃或是八五計劃重點之類的旁白，影片末了還有工廠的電話和地址；上海的東方電視台的廣告化做法更過分，該台報導部的「經濟傳真」，堂而皇之地出現化妝品介紹，還找消費者做見證，甚至還有目前正在打折、歡迎各界人士前往洽購的旁白。這類節目，大陸的廣告公司稱之為「二類廣告」，北京中國信託投資集團麾下的國安廣告公司，就針對這類節目替企業設計廣告，總經理鄢鋼表示，沒透過第三地轉投資的台灣企業目前還不能上大陸電視做廣告，該公司打算在北京電視台買時段，做這類台灣企業的訪問介紹。當然，接受訪問的台商得付費。

中共國家工商管理局還禁止大陸中外廣告公司利用廣播、電視、報紙、期刊，刊播涉及菸草內容的廣告，然而萬寶路香菸贊助的體育節目——體育新聞，仍然在上海的地方電視台播出，萬寶路的紅色商標照樣上電視，播報員也不忘在節目結束時，感謝美商莫里斯（MORRIS）的支持，節目頭尾更讓觀衆欣賞有背影動作但沒見到香菸的萬寶路牛仔影片。這是廣告商、廣告主把節目廣告化的另一種形式——贊助。

爲了「錢途」公然違反規定

大陸媒體雖然老大、姿態擺得很高，為了賺錢也有因應廣告客户的改變，中共向來禁止廣告在節目中插播，節目本身必須一氣呵成，不可被廣告打斷；但是江蘇省的地方如蘇州、常州電視台，播映台灣連續劇說乾隆時已經出現插播廣告的情形。而今（一九九三）年初開始，上海、北京一些報紙更已經出現如同香港報紙的頭版整版廣告現象，廣告竟把新聞擠掉是中共掌權四十多年來破天荒的創舉，這種現象不能不說是外商廣告公司，尤其是香港廣告公司，帶進來的做法。

大陸報紙的做法愈來愈活潑，會使得廣告公司有更大空間揮灑，今年初上海報紙出現有史以來第一幅露胸照片，九三年四月一日列名北京六大報的中國青年報更搞了一個愚人節假新聞，報導在大陸買假貨不必用真錢、青島啤酒將鋪設管線直通消費者家中、香港商人把北京僅存的城門門樓買下來、還有：為了提高人口質量，大陸科技人才和博士可以生育第二胎，而這則有關中共人口政策的假新聞，最近竟然搬上中共計劃生育委員會的會議桌，據中新社報導，中共官員和學者正在討論優秀人才生育兩胎，以免農村人口逆淘汰城市人口，孰真？孰假？種種跡象看來，大陸傳播媒體似乎正在試探當局的底線。

傳播媒體對處理廣告的方式產生前述變革，很大的因素是廣告業界為了提高廣告訊息留存率，對播放和刊載方式一再要求，加上廣告主的銀彈攻勢所促成的；一九九一年中共國家工商管理局預估大陸在一九九二年廣告市場將成長四三％，結果去年大陸廣告市場成長達九三．四％，四大媒體全年營收達六七．八七億人民幣，以金錢投票對媒體動向的表決力量不可小看。

外商公司還兼做行銷推廣

由於外商對於大陸的民情、消費習慣及能力，並非如一般開放的國家地區那麼了解，因此除了廣告，常委託廣告公司為其作市場調查及研究，而大陸境內的廠商近年來廣告意識也有增長，所以目前一些在大陸已設據點的外商廣告公司不但要統籌有關的行銷推廣，同時更得為客户提供具體的銷售計劃以作配合，廣告市場的倍數成長就是這麼造成的。

目前經手大陸可口可樂廣告策劃業務的麥肯光明廣告有限公司中國地區總經理饒恩賜舉出他所處理的例子；可口可樂在全球各地的行銷策略雖相同，但由於大陸實在太大了，各地媒體也都各自為政，所以許多地區的市場調查和行銷規劃都得廣告公司去實地研究、進行。饒恩賜指出，幾乎所有在大陸的外商廣告公司的外來總經理都在全中國大陸跑來跑去；忙得半死。不過麥肯光明公司也充分運用了大陸的人力資源，如可口可樂的大陸電視廣告片從演員到攝影、剪接都是大陸人員，而廣告出來的效果就和香港或台灣、外國拍的廣告無異，令人幾乎不敢相信是大陸的「土產」，關於這一點，饒恩賜很得意地表示，只要加以溝通、訓練，給他們機會，大陸的人員可以作得一樣好，不過關於創意的部分，他指出，這部廣告片的導演仍是「外來的和尚」。

打開大陸電視，觀衆會對一家兒童食品廠「娃哈哈」留下深刻印象，這家位於杭州的鄉鎮企業花在廣告的鉅額預算曾經引起香港遠東經濟評論的報導，再仔細一些的外國觀衆還會發現連一些生產資材如甜筒販賣機、麵粉袋包裝機也擠上大陸電視台的廣告時段，可見大陸企業對廣告效力的信任程度和粗放的認知。但是大陸企業可不是家家都打算花大錢做廣告的，大陸的廣告公司也常面臨客户預算不多，必須以「取巧」的方式來做廣告的情形。如同屬麥肯光明客户的柯達公司，有一次因廣告片製作經費不多，麥肯光明就找了許多大陸攝影家的作品以靜態溶入的技巧，在電視上宣傳柯達要舉辦攝影比賽的消息，不但所費不多，而且由於大陸這些攝影家的作品水準相當不錯，所以廣告片出來的效果很好，一點都看不出來是小成本的製作。

小本製作影片首重因地制宜

同樣的成本問題最常出現在大陸本地廠商的身上，一家兒童藥品「寶寶康」其只願意出四萬多人民幣的廣告製作費，因此麥肯的作法是以動畫處理；而且抄了一點電影「ＥＴ」的影子。當然經費的多寡會影響廣告片的質感，饒恩賜指出，一般而言，大陸廠家因廣告意識剛起步，不僅經費較少，而且有時其主事者會不甚信任廣告公司，而要堅持以自己喜愛的方式來處理廣告片。

中共國家工商管理局規定，大陸的廣告經營單位對於客户要求刊播的廣告，必須認真審查，嚴格把關。以往大陸媒體就是憑著這條媒體自行審查的尚方寶劍，任意宰割廣告商和廣告主；在看好（或說垂涎）大陸十多億人口市場的前提下，廣告主先把外商廣告公司帶進大陸，而且正在一步步地對大陸媒體造成改革，報紙增張、節目廣告化、容許插播、户外媒體電子化……，外商廣告公司除了服務原有客户，還正在替中共創造出一個價值邁向一百億人民幣的產業。

九〇年代最繁榮的消費景氣

■李慧敏

經過十四餘年的改革開放，十二億人口的大陸市場累積的經濟力及消費力，正到了進行一場「新消費革命」的臨界點。西方媒體預言，世界歷史上最繁榮的消費景氣，將會在未來五年至十年內出現在中國大陸。大陸經濟專家亦認為，大陸第三次消費浪潮已然開始，這也正是台商不可輕失的鑽石商機。

虛胖的十億市場

在一九八〇年代中共推行經改與開放政策之初始，曾在國際上掀起「紅色中國淘金風潮」，一般外商認為，有十億人口的中國大陸，是一大塊值得開發的市場，如果大陸上每個人一年購買一雙毛襪，大陸將消耗世界最大羊毛輸出國澳洲每年羊毛產量的四分之一。但也有人認為，這些打大陸市場主意的國際商賈，忽略這十億人口可能是最大的一群貧民，消費能力必須大打折扣，實際上，大陸可能是一個「虛胖的十億市場」。

如今，大陸人口已增加至十二億，消費人口數增加了二成；又經歷了十四年的高經濟成長期，消費能力倍增。有趣的是，中共官方統計，大陸國民平均所得仍低於四〇〇美元。中國大陸，似乎仍是一個「虛胖的十二億市場」。

事實不然。在一九七九年，大陸推行改革開放的頭一年，大陸國民平均所得已四〇〇多美元，經過平均年成長率十%以上的十四年「經濟起飛期」，大陸國民平均所得卻反倒退到四〇〇美元以下，其最大的原因，便是人民幣貶了好幾倍。

跳躍式的成長

最近英國「經濟學人」週刊便引用一項國際知名機構的研究顯示，大陸人民的平均購買力，比一般公開的數字，幾乎要高出三〇%。換言之，大陸有六千萬人的年收入，已經跨過一千美元的「消費革命線」。

依據消費理論，貧窮國家的消費需求，隨著收入增加，消費者對某些產品的需求，不是緩慢上升，而是跳躍式成長。譬如，年收入一千美元以下的家庭，不會購買彩色電視機、洗衣機等，但一跨過這個關口，幾乎所有家庭都會購買。「經濟學人」週刊認為，大陸已有六千萬人跨過這條「消費革命線」，而到了西元二千年，這數字將增加到兩億。

西方觀察家依據國民所得來推論大陸的消費趨勢，並不真確，也過於保守低估。事實上大陸早在八、九年前便跨越了「消費革命線」，現在正在進行的，是更高水平，更新型態的「新消費革命」。

依大陸經濟學者的分析，改革開放後的中國大陸消費市場，曾經掀起兩次浪潮。一九七九年至一九八四年，農村經濟快速發展，帶來了以日用消費品為主的第一次消費浪潮。一九八四年至一九九一年，城市經濟體制改革的推行，拉開了耐用消費品需求的大門，帶導出以彩電、冰箱、洗衣機、收錄音機、電扇等家用電器為主的第二次消費浪潮。

九二年，中共決定走向社會主義市場經濟，並準備加入有「經貿聯合國」之稱的ＧＡＴＴ，亦將掀起的第三次消費浪潮。

九〇年代大陸正蓄勢待發的第三次消費高潮，有人預期有八大消費品市場將快速發展：

1.兒童用品市場。兒童食品、童裝、玩具等兒童用品需求、繼續保持旺熱，電動玩具、聲控、電控、玩具品種將大大增加。

2.老年用品市場。大陸正逐步進入老齡化社會，適合老年人的用品，銷售更趨活躍。

3.方便食品市場。隨著人們生活方式和經濟條件的變化，對加工食品、方便食品的需求，呈現快速成長的好勢頭。

4.結婚用品市場。九〇年代大陸結婚人數仍保持較高水平，對結婚用品在數量、質量、花色品種上，都有新的要求，並朝配套的方向發展。

5.裝飾材料和室內配套用品市場。隨著大陸住房商品化的發展，城鄉居民的裝飾材料和室內配套商品需求訊速增加。

6.化妝品和人體飾物用品市場。黃金首飾需求有增無減，化妝品和飾物朝多品種、新式樣、造型藝術化方向發展。

7.時裝市場。今後大陸居民的服裝需求，將改「一衣多季」為「一季多衣」，並追求工作、外出、旅遊、家務的服裝，各有區別。

8.耐用消費品市場。九〇年代大陸將普及彩色電視、錄像機等高檔電器產品，小汽車也將出現一定數量的需求。

上述論點闡述了大陸各主要消費市場的新趨勢；然而，九〇年代大陸的新消費熱潮，應由三方面新需求而引爆；其一是高收入高儲蓄族群，追求高價高品質的家庭電化用品，包括錄放影機、冷暖空調器、家用電話等，此一市場將明顯而快速成長。

消費新熱點

大陸家庭的電氣化趨勢仍在深化、現代化。目前城市居民家用電器普及率在八成以上的，有彩電、冰箱、洗衣機等，更新期約在一九九五年左右；此時亦是大陸甫加入GATT之際，由於關稅大降，進口家電將是消費新熱點；而日本家電將如征服國際市場般，成為大陸進口家電的主流。

大陸九〇年代新一波家電主賣點，則是目前城市家庭所嚮往的冷熱空調器、錄像機、電話、組合音響、攝像機及家用電腦。這些大陸家庭電氣化的新潮商品，已在深圳、廣州、上海、北京、天津等「大富級」都會形成高潮，並向珠海、汕頭、廈門、杭洲、蘇錫常、青島、大連、瀋陽、武漢等「中富級」城市擴散。不過，即使是「大富級」都會，普及率仍在五%以下，未來的市場成長潛力極大。

其二是小轎車及摩托車需求暴增的「行的革命」，引發出的廣大市場潛力及消費熱潮。

據大陸有關部門透露九三年大陸汽車將消費新車二百萬輛，其中國產新車不會低於一百五十萬輛，其餘將進口。小轎車會成為轎車消費浪潮的焦點，有幾方面原因，首先是大陸為平衡對美鉅大貿易順差，將大量進口美國車，供政府機關部門使用。其次是大量外商湧入大陸，搶攻內銷市場；這些外商進口汽車可免稅，而形成進口車的另一大買主。

民生消費熱潮

此外，大陸鄉鎮企業，企業承包者，個體户及農村專業户等，亦是進口轎車不可忽略的顧客市場，亦是進口轎車不可忽略的顧客市場。像「個體户天堂」的温州，進口轎車滿街跑，而「鄉鎮企業樣板」的天津大邱庄，則是以賓士車為排場。

大陸的「先富階級」至少有百萬人口，除了上述超富級大户之外，成名的畫家、歌星、影星及有海外關係的僑户，也已有買小轎車的胃口，而又以中外合資廠的轎車及國產轎車為主要購買對象。至於介於轎車及自行車之間的摩托車，雖然在北京、上海等大城市，因道路的制約而禁行，但在大城市郊區、中小城市及廣大的農村區，仍將有難以估計的市場。

其三是大陸「住的革命」所引發衛浴、室內裝潢及商品房的消費浪潮。

大陸把住房改革列為九〇年代的重大改革之一，九二年出現的房地產熱，便十足預告了大陸住房市場的前景。不過，大陸目前要由福利房過渡到商品房時代，恐是九〇年代末期之事，但隨住房改革發展而興起的一系列消費，將是先行興旺的消費熱點。

消費高峰期

在八〇年代出現的高級飯店投資潮，至今已有十年，大多數必須更新換代，形成可觀的高檔裝潢材料市場。據統計，大陸現有二千多家涉外飯店九五年之前需改造的套房，另加新建套房，年裝潢金額約在二五億至三十億元人民幣。

至於大陸居民家庭室內裝修裝飾，也隨著收入及儲蓄的劇增，以及住房逐步私有化，而進入高消費期。各類衛浴及家具用品，亦是大陸居民逐漸重視與採購的室內用品，凡此種種，皆使大陸「住的消費市場」出現前所未有的新熱潮。

總的來說，經濟成長速度冠於全球的大陸，在九〇年代將邁入消費高峰期，「經濟學人」將之形容為世界歷史上最繁榮的消費景氣。台商緊抓商機，逐鹿中原，不可後人。錯失此一大陸消費浪潮及新開放之機，也許就是永遠喪失十二億市場。

整頓風起別觸地雷

■李孟洲

中國大陸自朱鎔基掛帥整頓經濟之後，整體形勢表面看似冷風颼颼，一片肅殺之氣。實際上改革開放並未變調，尤其對台外商投資的需求比以往有過之而無不及。唯在「整頓」的大旗幟下，台外商投資案件仍有「觸地雷」的風險，尤其經營房地產者，或大陸合資對象有問題者，更易被流彈所傷。台外商投資大陸，急需技術調整。

抽取不正當經營活動資金

朱鎔基一九九三年七月廿三日在「全國財政工作會議和稅務工作會議」中發表的一段談話，足以反映當前大陸整頓經濟的政策精神。他說：「用改革的辦法進行整頓，在整頓的基礎上加快改革。……確保國民經濟既是快速又能持續、協調地發展。」

所謂「用改革的辦法進行整頓」，即是採用鄧小平倡導的「市場經濟」法則來導引經濟運行進入正軌。最顯而易見的事例，是中共最近這一波整頓經濟，並未像一九九〇年李鵬的「治理整頓」一樣，動用強制性的行政手段，全面控管官民的經濟活動，而是從金融面下手，藉信貸大檢查抽取「不正當經營活動」的資金來源，並透過此項信貸緊縮行動，逼迫囤積外匯的企業向市場吐出外匯頭寸，俾扭轉美元行情節節上揚、人民幣持續大貶的局面。

這是西方國家經常採用的經濟調整手法，中共目前能大膽引用，證明他們在經濟管理方面的手法已趨於成熟。只不過，西方國家收縮金融，通常只是管總量（貨幣供給額）或管價格（利率），而中共除了管這兩項之外，還管到銀行貸款個案，像最近，中央派出的檢查組進駐各地銀行，對貸款個案砍砍殺殺，許多貸款案因被主觀地認為牽涉不正常投機炒作活動，慘遭抽回資金。

配合政策得到特別照顧

在這一波整頓風潮中，首當其衝的有下列企業：①搞房地產的②炒外匯的③倒賣物資圖利的（尤其是建材）。大陸當局打擊的對象，是以國內企業為主，然而，台外商在大陸從事投資經營活動，與大陸國內企業每有唇齒相依關係，後者一旦成為整頓對象，則台外商亦將成為骨牌，導致投資計劃中斷者有之，貿易合同撤銷者亦有之。特別值得注意的是，台商在大陸偏好搞房地產，而房地產正是這一波整頓的重點對象。最近以來，最常聽到在大陸吃「整頓」之虧的台商，大抵是深涉房地產者。

除了「整頓」之外，大陸最近同時上緊了「嚴肅財經紀律」這一條弦。某些台外商以往在大陸習於搞權錢交易，套取不當得利，或與大陸官商坐地分贓，類似行為今後被「嚴肅處理」的可能性相當大。

事實上，任何事情都是最好不要看得太絕對，也就是說，這一次整頓金融、經濟，對於大陸本身的經濟成長動力必有損傷，而大陸當局為了迎合鄧小平「抓住機遇」的指示，盡快把經濟搞上去，勢必更加倚賴外商，總合來看，外商只要不涉投機炒作，且能與能源開發、交通建設、原材料生產等中共目前急需搞上去的領域掛鈎，即有可能得到中共當局的特殊照顧。

琢磨趨吉避凶之道

有些台外商很善於觀測中共政策風向，也擅於搭中共政策的「順風車」，例如，有人乘大陸農村經濟問題百出，急需中共當局進行「輸向」的情勢，勇敢投入大陸農產品生產、加工、內外銷事業，造成客觀上「協助解決大陸農村經濟問題」的形象，這種案件，往往能理直氣壯地通過「整頓」政策的考驗，甚至獲得特殊照顧。

照這個邏輯，台外商若往偏僻的內陸投資，條件也可能比沿海優惠，因為，大陸內地落後於沿海的差距一直未獲有效的改善，目前已成為中共的心腹大患，台外商現在若往內地跑，當然受歡迎。

話說回來，只要大陸堅持經濟快速成長的政策，中共就不敢輕易挫傷台外商的投資意願，但台外商處在當前的「整風」之下，該細加琢磨趨吉避凶之道，以免「城門失火，殃及池魚」。

消費結構丕變空間仍大

■童再興

據中共國家統計局最新資料顯示，一九九三年上半年大陸消費市場快速成長，消費品零售額成長率高達二四・四%；而冰箱、洗衣機、彩色電視機、服裝、照相機為九三年上半年銷售成長最大的五大日用消費品，成長幅度皆在一五%以上。

上半年大陸消費市場規模持續快速成長，消費品零售額達五七二二億元人民幣（單位下同），成長率為二四・四%，扣除消費品物價指數上漲一二・五%，實際成長一一・九%。而第二季的成長率遠大於第一季，第一季零售額成長尚為一六・二%，同樣的，第二季物價上漲較鉅。

購物保值充斥市場

耐用消費品大為暢銷，是上半年大陸消費市場的最大特色；由於人民幣六月大貶，物價上揚，「購物保值」心態充斥整個市場，家用電子、電器產品及首飾成為搶購的目標。

進口家電是這波熱潮的第一大贏家。在人民幣趨貶，加入GATT的時間後延的情況下，進口家電的搶購熱重新出現；進口家電的供需因之失調，售價亦為之上揚。由於進口家電嚴重缺貨，甚至造成第一季的彩電及錄影機銷售出現衰退情況。

各類家電品中，電冰箱銷售成長高達二八・七％，最為熱暢，其次是洗衣機，成長二二・七％，照相機（一五・六％）及彩色電視機（一五・一％）銷售亦佳，其他如錄音機、錄影機等家電亦有一成以上的成長，其熱況為近年少見。

此外，黃金已被大陸人民視為對抗通膨的利器，因此，金飾銷售熱也出現在各大城市。據統計，大陸三十五家大型百貨商店的金飾銷售成長高達九成。

集團購買力又恢復

旺盛的集團購買力，向來是台商進軍大陸內銷市場所不可忽視。而一度被壓抑的集團購買力，去年重再抬頭，今年則繼續高速成長。第一季成長高達二七・一％，較個人購買力多出十個百分點；第二季的情況仍如此。許多機關單位又再濫用公款購買禮品，贈送長官及親友；百貨商店禮品部的銷售額，因之成長六成。這是上半年消費市場的另一特色。

有錢沒東西買想買買不起

當前大陸消費市場雖然快速成長，購買力大幅提昇，但有三個值得注意的問題：

①消費領域過於狹窄。在大陸城鎮居民中，不少人感到該買的已經買了，手頭的錢得不到消費的出路，因此，大陸當前需要開拓更多的消費項目。

②消費出現斷層現象。城鎮中一些高收入者感到「有錢沒東西值得買」，一些低收入者則「想買買不起」；這種收入與主要消費品之間的斷層現象，是造成某些消費品市場疲軟的主要原因。

③城市居民結餘購買力增長。在收入分配集中於個人，而消費市場又過於

狹窄，必然造成城市居民購買力大量結餘。事實上，這些問題應正是台商的商機。

結構失調　空間再現

再者，九三年大陸消費市場仍出現一些結構性的不平衡問題，為台商進軍大陸內銷市場所須注意。

區域市場發展不平衡。上半年沿海與內陸之間，華東與華中、華西之間的市場零售額成長仍然很大。

九三年上半年上海、北京、江蘇、浙江、福建、廣東、廣西及海南八大沿海地區，商品零售總額的成長率高達二二・五%至三七・八%，其新增零售額便佔全大陸的五二%。反之，河北、山西、黑龍江、貴州等內陸地區，成長幅度卻不及沿海地區的一半，僅在九・五%至十三・三%之間。此一差距的擴大，亦顯示台商產品仍應以東南沿海為主要登陸點。

城鄉市場銷售差距亦大。上半年城市消費品零售額成長了三十一%，而較鄉下的消費品市場卻僅成長一五・九%，扣除物價上漲因素，幾無實質成長。

可見城鄉市場發展的差距，今年更形擴大。

國有、集體與非公有部門的商品銷售成長差距擴大。國有的企業商品今年上半年零售額大幅成長，佔整個成長的六成，而國有企業商品零售卻呈負成長。從此可見，合資企業的商品漸成為市場主流。

緊縮政策將改變市場

上半年大陸消費市場呈現的亂象，確實令人目眩。而這些突出的現象，有其經濟背景因素，諸如物價飛漲、人民幣大貶、經濟高速成長、貨幣供給量鉅增、利率卻低等等。但是，大陸當局七月已提出金融緊縮及全面宏觀調控的措施，上半年消費市場賴以高速成長的經濟因素，勢將逐漸消失，而存款利率提高、匯率趨穩、物價平穩等新經濟形勢，必將使消費熱潮壓抑下來。因此，下半年的大陸消費市場，恐難見到上半年的榮景：銷售成長率將較上半年為低，消費商品價格亦漸趨穩定。

商戰發燒難平息

■童再興

中共統治下的大陸社會，自一九九三年起正式且全面走向市場經濟，使大陸消費品市場不管是量方面的成長加速，或是質方面的檔次提高、競爭加劇，都可望邁入消費革命的年代。

九二年初鄧小平南巡之後，大陸經濟景氣便開始新一波熱潮，大陸消費品市場更是蓬勃發展，據中共國家統計局統計，九二年前十一月全大陸消費品零售額達八五八〇億元（人民幣，下同），比上年同期增長一五．八％，其中城市的消費品零售市場成長一八％，農村市場成長一二．九％，城鄉市場增幅相差五．一個百分點。由於城市市場增長，拉動全大陸消費品零售額增長九．九個百分點。台商所重視的大陸城市消費品市場的潛力，確實不同凡響。

台商宜採取「直搗黃龍」策略

事實上，九一年上半年大陸城市消費品市場尚處加熱起跑階段，鄧小平南巡的效應並未充分發揮，到了第三季便增長一九・一％，十月份已增長到二二・一％，十一月份也有二〇・九％的高速增長，這種城市市場旺銷狀態，勢必延續到九三年。

從大陸經濟景氣期的消費史來看，每遇景氣熱潮，城市市場以二〇％以上速度增長，並非僅見。這種城市高速增長的榮景，顯示台商進攻大陸內銷市場，應採取「直搗黃龍」而不是「以鄉村包圍城市」的行銷策略；而九二年大陸新一波消費熱潮方起溫，九三年甚至往後幾年，更是台商進取大陸內銷市場黃金時期。

在這波大陸消費熱潮中，究竟市場熱銷些什麼商品呢？據九二年全大陸卅五家最大型的百貨商店統計，各類商品銷售均有成長，但其中差距甚大，銷售增幅最大的分別有服裝類（增長四四・一％）、首飾類（增長四三・七％）、家用電器類（增長三六・二％）、鞋類（增長三三・九％）、化妝品類（增長三三％）、不鏽鋼製品類（增長三一・九％），搪瓷製品類（增長二七％）。銷售增幅較小的是紡織品類（增長一・五％）、洗滌用品類（增長六・二

%）、家具類（增長七・三%）。

這波市場消費熱潮，也呈現出質上的結構性變化：其一是消費層次明顯提高。大陸消費者的購物力已求一步到位，「買好的」成為普遍的消費行為。據全大陸卅五家最大型百貨商店的統計，彩色電視銷量已佔電視機總銷量的八七・五%，雙開門和多開門電冰箱則佔電冰箱總銷量的四八・一%，在北京地區聞名的台商頂好清香油，價格比原地「土產油」高出一倍，卻仍供不應求。

其二是商品琳瑯滿目，消費者挑選性增強。商品豐富化，使人們消費心理穩定，消費行為更趨理智，也更加挑剔，「貨比三家、優中選優」已成為普遍的購物心態。

中高檔商品市場出現「斷層」

實際上，大陸中低檔商品已充分發展，同類商品多得不得了，但中高檔商品，卻仍品類不齊，商種競爭有限。因此，在大陸中高檔市場出現「匱乏的斷層年代」之際，正是台商躍馬中原的絕佳時機。

九二年中共召開「十四大」，確立了「社會主義市場經濟」的總路線，對大陸消費市場起了全面性的結構性的作用，其最明顯的效應之一，便是商戰不斷興起。

台灣消費市場習以為常的「折扣」、「贈品」、「摸彩」等促銷活動，九二年開始出現在受計劃經濟禁制已久的大陸市場，並由沿海城市向內地擴散，促銷戰火四處烽起，效果亦是馬上見效。

市場專家亦指出，在商戰發燒的大陸市場，大型商店受益最大，銷售額猛增，而一些被迫應戰的小商店，因實力不足，經營成本加大而效果不佳。對台商而言，目前大陸市場盛行的促銷戰，並不覺得新奇，有人便形容，拿台灣任何一種促銷點子，到大陸都是新奇而有效。

展望九三年大陸消費市場，城市市場的商戰只有更熱而不會退燒，在價格、服務、宣傳方面的競爭，勢將更加劇烈。而城市人的消費將更趨多樣化、個性化及高檔化，但要出現明顯的消費熱點，須有新的刺激因素出現。比如，外匯券的取消，將掀起一波外匯商品的狂購潮。值得注意的是，隨著大陸重新加入關貿總協定，有可能形成對家用電器、化妝品等進口商品的消費小熱潮。而高檔服飾、金銀首飾、室內裝飾裝修用品，在九三年及未來幾年，市場行情仍將繼續看俏。

食品消費熱點透析

■魯炳炎

目前大陸的食品工業生產已經進入一個穩定發展的階段，一九九一年的大陸食品工業總產值達到兩千六百七十七億元人民幣，在絕對數字上，比一九九〇年成長了十・九%，若以相對的物價水準而言，則也成長了三%。在穩定成長的同時，大陸食品市場新的消費熱點已轉變成水果飲料、質地優良且包裝精美的食品，以及有營養的節食食品，而大陸食品工業未來發展的方向，則以嬰幼兒的特殊營養食品的市場前景最被看好。

城鄉居民消費能力增強

一九九一年大陸主要的食品產出狀況如下：

糖，六三〇・六萬公噸，比一九九〇年成長了十・五%；

鹽，二三五三萬公噸，成長十八・六%；
酒，四七七・五萬公噸，成長一・五%；
啤酒，八一二・九萬公噸，成長廿一・五%；
罐裝食品，一六六・二萬公噸，成長十三・八%；
奶類產品，卅五・八萬公噸，成長了十九・三%；
香烟，三一九九・四萬包，比一九九〇年減少了二・七%。

隨著所得水準的提高，大陸城鄉居民的消費能力也隨之增強，雖然在食品消費數量的成長方面頗有可觀之處，但是在大陸城鄉居民的消費結構方面，仍没有很大的改變。

據一項非正式的統計顯示，大陸的城鎮住民和鄉村住民，分別以五十四・二四%和五十四・八六%的生活費用比例，來購買日常生活食品，這個比例比先進國家大約高出了三倍左右。

方便與健康食品有可爲

在這樣一個高比例的食品消費中，大陸同胞是以糧食作物、蔬菜等植物性食物為主，而以肉、蛋、奶等動物性食物為輔，但隨著生活水準的提高和食品生產的發展，動物性食物在大陸居民的食品消費上所佔的比例，也愈來愈大。

大陸著名的營養學家馬鳳樓也因而在去年提出了大陸食品工業未來的方向，是發展下列四種類型的食品：

㈠方便食品與傳統食品：如營養快餐。

㈡健康食品：如綠色食品和無污染的天然食品。

㈢特殊營養食品：如嬰幼兒食品和孕婦食品。

㈣營養強化食品：指缺什麼補什麼的強化食品，如蘊涵豐富的鋅、鈣、碘、鐵等食品。

在這四個大陸食品工業未來發展的項目之中，財團法人食品工業發展研究所副所長黃中平在一篇研究報告中指出，其中尤以嬰幼兒的特殊營養食品市場的前景最為看好。

其原因在於大陸有三億的兒童人口市場，嬰幼兒食品的需求量極大，以八千萬斷奶的嬰幼兒為例，其每年營養食品的需求量在一千兩百萬噸左右，但目前大陸只能夠供應這個數字的十分之一不到，其中可以發展的空間之大，可想而知。

據中共商業部去年召開的兒童營養食品研討會之結論認為，六個月到三歲的斷奶嬰幼兒兒童年齡小，適應性強，只要口感甜淡適宜、香酥可口，並使包裝的圖案活潑動人，則市場的前景將可看好。

水果飲料市場需求量大

以英國進軍大陸市場的「幼適口」嬰幼兒營養餅乾而言，它含有脂肪、蛋白質、鈣、鐵、鋅及維生素，每塊餅乾可提供六十九仟卡的熱量，兩歲至十歲的兒童，每天食用二至三塊，即可滿足一天身體發育所需要的礦物質和維生素。

據八月號中國市場月刊中的一篇市場分析指出，大陸食品市場的消費近年來已有一些新的轉變：

㈠水果飲料的市場需求量極大。由於水果飲料不僅能解渴，更能提供人體營養成份，在市場上因而頗受歡迎，諸如椰子汁、柳橙汁，及杏仁汁，都是十分暢銷的飲料。

此外，乳酸飲料、礦泉水、蒸餾水，以及其他含糖成份底或不含糖的飲料，也都是市場的賣點。

㈡優良品質包裝精美的食品變得十分搶手。由於大陸所得水準的提高和民間儲蓄及手頭上的鉅額資金，在在使得洋酒、洋烟、咖啡、糖果餅乾已進入一般家庭消費的行列，大陸的食品消費市場已逐漸走向高品質、高價位的趨勢。

以洋酒而言，僅北京一地的種類就超過一百種品牌，單瓶洋酒的最高銷售價也超過四千元人民幣，達台幣三萬五千元之譜。

營養過剩致肥胖兒增多

㈢米麥之外的其他糧食種類也已經能夠被接受。農手們以其耕作所得的粗食，到城市交換米麵，而電視節目上也有教授人們如何製作食品的節目，受歡迎的營養食品包括：冷凍的玉米和高粱麵包、冷凍玉米粥、及玉米粉。

類似的消費新熱點，代表大陸城鄉住民重視營養結構和理性節食的開始。其原因在於大陸的文明病逐年增加，據統計，僅北京市一地，超標準的「肥胖兒」就佔兒童總數的五%。

掌握行銷通路

上海十里洋場大開放

■王錦時

在上海南京路百貨業的戰國群雄之中，除了像上海第一百貨商店這種超級巨人之外，還有一批深具發展潛力的中型百貨公司，而這些中型百貨公司的經營型態，及對未來發展的規劃，則以上海萬象（集團）公司、上海新世界股份有限公司及南洋百貨總公司最具代表性。也是台商在切入大陸市場之際，可以尋求合作的夥伴。

從上海第一百貨商店所在的南京東路與西藏中路的交叉口，向西步行約三分鐘，就可以看到萬象公司「W白象」的招牌。事實上，萬象（集團）公司除了這家總公司之外，在南京路一帶尚擁有六家專業分公司，分別是金銀珠寶分公司、皮草分公司、精品分公司、婦女兒童用品分公司、男士用品分公司及批發分公司。

求新求變搶佔市場

在萬象總公司的賣場中，是以時裝成衣的銷售為主，記者在賣場中但見掛滿各式各樣成衣的貨架間，購物人潮川流不息，銷售的情況相當熱絡。萬象公司總經理辦公室主任祝木英向本報記者表示，去年該公司的銷售總額達到二億二千萬元人民幣，比前年成長了五〇%。這種快速成長的業績，展現了萬象公司經營領導階層營運策略運作的成功，同時也使萬象在南京路百貨業圈中，取得重要的地位。

深入探索萬象公司經營成功的關鍵因素為，順利地推動市場導向的企業經營改革，以企業兼併的策略擴大經營規模，提高經濟效益，同時並與歐洲名牌廠商合作，引進外資及先進的經營管理技術，而提升整體的經營品質，並在人事制度上徹底打破「三鐵一大」（鐵飯碗、鐵交椅、鐵工資及大鍋飯），激發全體員工的經營活力與潛能，而實現企業經營的目標。

與上海第一百貨商店隔街相望的新世界公司則是萬象公司的姊妹公司，因為原本萬象公司、新世界公司及南洋百貨公司均隸屬於黃浦區百貨公司的管轄，其後由於實施政企分離及企業經營機制改革，因此這三家姊妹公司乃分別獨立，而成為擁有自主經營權的企業體。

新世界公司也是一個集團公司，旗下控有十餘家公司，同時並已實施股份制，而成為股份有限公司。該公司總經理辦公室主任畢如鏡向本報記者表示，新世界公司營運策略的兩個重心，一個是賣場的擴建與現代化，今年將進行第三期的賣場擴建工程；另一個就是多角化經營，未來新世界公司經營的領域，將由現有的百貨業逐漸延伸至酒店業及娛樂業，並向大陸各地及外國拓展業務。

而在南京路一片百貨公司開業熱之中，南洋百貨公司也打鐵趁熱，在南京東路的黃金地段興建了一座樓高七層的南洋商城，在南京東路的黃金地段興建了一座樓高七層的南洋商城，並擇吉在今年元旦正式開業。南洋商城為了強化本身在上海百貨業內的競爭力，特別禮聘香港設計師負責百貨賣場的設計及裝潢，因此賣場的整體格局十分現代化，而頗獲消費者好評，該公司總經理嚴龍龍向記者表示，今年南洋商城的銷售額有信心拿下二億元人民幣的目標。

萬象、新世界及南洋等三家百貨公司，其規模固然均屬於中型企業，但是由於這三家公司的經營領導階層都確切地掌握了目前大陸改革開放的契機，及整體市場的需求與脈動，而制訂並推動市場導向及強勢競爭的經營策略，促使企業體特續成長，發展遠景可期，而十足呈現出南京路上「百貨業三小龍」的架式。

兼併合作高效管理

對於萬象（集團）公司的經營領導階層而言，企業經營策略的選擇與定位，是成就他們經營績效的關鍵性因素。而他們巧妙地結合市場——企業兼併——管理制度改革，終於開創出萬象公司有效的經營模式，及廣闊的營運空間。

在萬象總公司的賣場中，售貨員熱情而有禮地招呼不斷蜂擁而來的顧客，讓人直接地感受這個企業的活力。據該公司總經理辦公室主任祝木英向本報記者表示，萬象公司經營領導階層最重視的就是，企業規模應隨著市場的發展而擴大，以及企業內部人員經營效率的提升。而從這一基礎上制訂出兩個經營策略的主軸，即「以市場為導向，走規模經營之路」，另一則為「以打破三鐵」大為抓手，不斷轉換企業「內部機制」。

萬象公司事實上也是南京路上，一家老字號的百貨商店，於一九五〇年創店，主要業務為自產自銷「象」牌襯衫及羊毛衫。在大陸推動改革開放的浪潮中，萬象的業務量隨著市場需求的不斷擴大而提升，也因此使萬象的經營領導階層意識到，原有的企業規模已經不足以應付日益成長的市場空間。

祝木英表示，在企業營運與發展的過程中，萬象的經營領導階層不斷思索，應該運用何種策略達成擴大經營規模，以提升市場佔有率的企業經營目標。而後慎重地選擇企業兼併的策略，先後兼併了長江皮件商店、康福百貨商店、全心百貨商店、春光百貨商店、九江百貨商店及施爾美婦女兒童用品商店等六家百貨商店，壯大了萬象的經營陣容，使整個企業在保持原來象牌產品經營特色的基礎上，發展成一個能進行多元經營的百貨公司，並在去年七月獲准組建企業集團，而正式成立萬象（集團）公司。

由於大陸的企業長久以來均在計劃體制中運作，而且政企不分，企業的經營者完全按照政府部門所定的計劃，從事機械化的經營活動，使得企業的活力無從發揮，同時企業經營者的發展空間也極為有限。不過在中共推動改革開放政策，尤其是鄧小平去年的南巡講話，掀起新一波的市場導向經濟改革熱潮之後，大陸的企業獲得相當大幅度的經營自主權，整體的經營環境丕變，使得企業經營者更能以市場脈動的掌握，來制訂企業營運的策略，從而真正釋出企業經營的活動力。

在這種新的企業經營大氣候下，祝木英指出，萬象的經營領導階層定出「開拓經營，嚴格管理，高效發展」的經營方針，而大膽地突破了長期以來按規定確立經營範圍、經營方式的觀念束縛，而展開跨行業經營，擴大營運的空間，目前共計增加了工藝品、服飾、家具、裝潢材料等大類的經營和室內裝潢設計的服務項目。同時該集團所屬的華東不銹鋼製品公司總部，也正在進行翻造，翻造後將增設多功能的卡拉ＯＫ廳。而萬象總公司現有在南京路的門市部，未來也將改造興建多功能商業大樓、辦公大樓及酒店。

祝木英表示，在這一策略方針的推動下，萬象公司積極展開了與外商甚至台商的合作及合資項目。去年五月份萬象即與義大利斯特法內時裝有限公司合作，在南京路開設了上海萬象斯特法內專銷店，這是南京路商圈中的第一家中外合作歐洲名牌時裝專銷店。而在去年九月，萬象公司再接再厲又與法國夢特嬌時裝有限公司合作在西藏路萬象精品分公司內，開設了夢特嬌系列產品專銷店，同時在皮草分公司引進了義大利璐仙奴時裝、皮具等系列產品，這些分公司都是全開架售貨。而與義大利合資開設的上海萬象斯特法內時裝公司，目前已經投產七〇%的產品將出口。另一方面也與台商合資設立彼德石材公司，經營各種建築材料。

不過在引進外商現代化的經營管理技術時，由於大陸員工的適應力與外商的管理制度之間存有落差，因此大陸員工在觀念及實踐上的調適，就必須花費比較多的心力。

例如，萬象公司與法國夢特嬌時裝公司合作開設的夢特嬌專銷店，是由夢特嬌的香港總代理進行主要的經營管理工作。由於外商的管理要求相當嚴格，從營業員的站立姿勢到接待顧客的語音高低都有嚴謹的規定。因此幾天下來，萬象公司派過去的營業員即大感吃不消，同時又連續發生兩起商品失竊的事故，使得這些員工的情緒更不穩定，而紛紛要求調職。

面對這種企業經營轉型期所難免的陣痛情況，萬象經營領導階層首先確立的理念即是，搞中外合資、中外合作項目，目的就是要引進外國先進的科學技術，並學習其先進的經營管理經驗，以促進萬象集團與國際市場接軌。此一基本方針確定之後，接下來就是與員工積極溝通調整觀念，提高他們的適應力及承受力。

在經過一連串個別的深入溝通談心活動，並且適度調節工作量及工作時間之後，這些員工的情緒逐漸穩定，也使得夢特嬌專銷店的營運績效日益提高，目前該專銷店每日的平均銷售額已達到二萬三千元人民幣。

萬象（集團）公司在這一連串的經營體制改革過程中，掌握了正確的經營策略定位，逐步提升企業的市場競爭力，擴大企業經營的規模，也為上海南京路商圈百貨業的更進一步發展，注入了一股活力。

多角經營追求成長

與上海第一百貨商店隔著西藏中路相望的上海新世界貿易股份有限公司，也是南京路上的一家中型百貨公司。新世界公司在地緣上，固然面對著第一百貨商店最強勁的競爭壓力；但是另一方面則分享了商圈內人潮匯聚之利，而對其營運的更上一層樓，提供了不錯的環境。

因此新世界公司未來的發展重心，自然而然地就集中在賣場的擴建與現代化，及規劃多角化經營等兩條策略主軸上。該公司總經理辦公室主任畢如鏡表示，新世界公司這種經營策略的運用，在營運績效上已有了相當程序的反映，例如去年該公司整體的營業額達到一億五千萬元人民幣，比前年的七千七百萬元成長一倍。

畢如鏡表示，新世界公司目前已是實施股份制的企業，但尚未公開上市，也是由十餘家公司組成的集團企業，例如藝華公司、中聯百貨公司及中藝公司都是屬於該集團。在一九四九年以前即已成立的新世界公司，是以經營小商品及雜貨起家的，而在大陸改革開放政策逐步推展之際，其經營規模亦穩定成長。到一九八八年公司的營運型態有了比較大的改變，朝綜合性的百貨公司發展，同時也開始實施股份制，並展開第一期的賣場擴建工程。

而在市場景氣活絡，業務量不斷擴增的情況下，緊接著在一九九〇年進行第二期的賣場擴建及改善工程，這次的工程主要為新闢二樓的賣場，使得原本只有一樓的營業空間，擴大為兩層樓面，同時也加裝了空調設備及自動電扶梯，改善了消費者的購物環境。而今年將進行第三期的賣場擴建工程，營業店面將延伸至西藏路口，使賣場面積增加至二千三百平方公尺。而明年（一九九四）則將在現有賣場的鄰近興建一座新的百貨大樓，屆時兩座大樓將以通過連接，使賣場面積倍增。

由於到南京路購物的消費者，有相當高的比例是來自上海鄰近省市，甚至更遠的大陸各地，因此新世界公司在商品類別及檔次方面，也都特別針對不同顧客群的需求，而作適當的區隔與搭配，畢如鏡表示，目前該公司經營的主要商品種類包括，黃金、首飾、時裝、皮革系列及家電產品。在服裝方面，二樓賣場以西裝、茄克及一般服裝為主，而一樓賣場則主要展銷女性時裝。在家電產品方面，日本進口的彩色電視機及音響是主力銷售商品。

另一方面，為了因應南京路百貨業日益激烈的競爭，世界公司在整體營運佈局上也進行了多角化經營策略的規劃與實踐。因此除了強化百貨本業的競爭力，擴大市場佔有率之外，新世界目前也已策劃進軍房地產、酒店、娛樂業、出租車業，並積極參與浦東地區的開發。

畢如鏡指出，目前新世界公司已經在上海市區購買土地，打算興建內銷商品房，以大陸正在推動住房改革，及人民所得持續提高，形成龐大住房市場的大環境而言，興建商品房推出市場銷售，應是一項大有發展前景的業務。

同時著眼於大陸經濟的持續發展，將帶動交通及旅遊業的大幅成長，新世界公司在這方面也積極進行經營的部署，目前已計劃成立出租車隊，並設立汽車維修工廠，一方面可為自己的出租車隊維修車輛，另一方面也可開放對外營業，成為另一項獲利的業務。而在酒店及娛樂業方面，則已在第一百貨商店後面興建新世界酒店，佔地達一千餘平方公尺，預定在今年（一九九三）七、八月間即可正式開業。在參與浦東開發方面，該公司已經兼併了浦東的嶗山商場，預定投資一千萬元人民幣，將其改造為現代化的商業大廈。

除了在上海推展各種新的經營計劃之外，新世界公司也積極向上海以外的地區甚至於海外，尋求投資的機會，以開闢更多的營運管道與據點。畢如鏡指出，目前新世界公司已經與上海市紡織局聯手，前往瑞典哥德堡合作開設商場，預定在今年上半年即可開業，同時也計劃向江浙一帶拓展業務。

在南京路上的百貨業者「百家爭鳴」之際，每一家公司無不使出渾身解數，以求鞏固原有的市場，並進一步開拓更廣闊的營運空間，在這種大氣候下，新世界公司與市場同步發展的新策略規劃，呈現了南京路百貨業經營的新模式與新潮流。

現代創新學習港台

全新的玻璃帷幕大樓、現代化的賣場裝潢設計，再加上創新的經營手法，在上海南京東路新開業的南洋商城，裏裏外外都展現出當地百貨業者在經營上求新求變的大趨勢。

位於南京東路老字號大型百貨公司華聯商廈斜對面的南洋商城，在吸引顧客群的策略上，完全是以「新公司、新形象」做為訴求的重點。在一樓賣場進門處懸起的一排六架彩色電視機，不停地播放歐洲時裝秀影片，讓進門的顧客耳目一新，同時也呈現出與南京東路其他百貨公司不同的特殊風格。

當記者一腳跨進南洋商城時，感覺恍如走進台北的百貨公司，賣場的整體格局規劃、佈置與裝潢幾乎就是台北百貨公司的翻版。本報記者特地就賣場內部設計出自何人之手，詢問南洋百貨總公司總經理嚴龍龍，經他透露，原來該公司特地聘請香港的設計師，為南洋商城進行整體的賣場設計裝潢，因而使得南洋商城內部的賣場格調，展現出與台北及香港的百貨公司同步的水準。

嚴龍龍向本報記者表示，南洋商城這幢新建的百貨大樓位居南京東路的黃金地段，地面上共有七層，另外還有一層地下樓，整個營業面積可達六千七百平方公尺，總投資額為五千萬元人民幣，其中大部分資金取自銀行貸款。因此未來南洋商城必須以高效率的經營，獲得足夠的投資報酬，以償還銀行貸款。

而為了達到高效率、高獲利的目標，南洋商城在經營管理上採取了許多突破窠臼的策略與作法，其中一個很重要的基本觀念就是，向香港及台灣學習。由於台灣及香港都是市場經濟高度發展的地區，國民所得及市場購買力均相當可觀，因此台灣及香港的百貨業者，不論是在市場動向的掌握、行銷策略的運用及經營體制的架構等方面，都累積了豐富的商場實戰經驗，尖端的國際資訊及深厚的理論基礎。而以同是中國人市場背景的角度來看，大陸百貨業者借鑑港台的經驗加以運用，確是獲致經營成功的一條捷徑。

在此一認知基礎上，南洋商城的經營型態，在突破傳統的框框方面，確實下了不少功夫。嚴龍龍指出，以賣場的經營方式而言，目前南洋商城已有八〇%的專櫃是採取開架式銷售，讓消費者能夠悠閒自在地選購自己喜愛的商品，這種方式頗獲消費者好評。

同時，南洋商城更進一步採行與台商、港商直接合作經營的方式，藉引進台港商先進的經營管理技術，以達到營運現代化及強化競爭力的目標。嚴龍龍表示，目前，南洋商城已經與港商冠亞公司及台商湯臣公司簽訂合作經營協議，由冠亞公司負責南洋商城三樓賣場的經營管理，而由湯臣公司進行四樓賣場的經營管理：這兩層樓面將以引進世界名牌產品為主，走高檔精緻化的經營公路線，以吸引高層次的消費群。目前湯臣公司及冠亞公司已經分頭展開招商工作，預定三月中旬即可完成整體準備工作，而正式開業。

由南洋商城銳意求新的經營策略中，我們可以看出，在上海百貨業者向外尋求合作，以追求經營現代化的過程，台商及港商所扮演的角色已日益重要，因此對於有心進入大陸內銷市場的台商而言，精確掌握這種市場潮流的脈動是極為重要的課題。

營業額最高的百貨業巨人

■王錦時

號稱「十里洋場」的上海南京路，是全大陸最繁華的商業街，而位於南京路黃金地段上的上海市第一百貨商店（簡稱中百一店）不論是人潮流量或是營業額均高居全大陸第一。

在上海浦西的市中心區，南京東路及南京西路橫貫而過，西起烏魯木齊路東迄外灘，綿延著一家又一家的服裝店、食品店、日用品商店、鐘錶首飾店及大型的百貨公司，形成熱鬧繁華的「十里洋場」，不僅吸引了大量的人潮，同時也帶來可觀的錢潮。而中百一店位於南京東路與西藏中路的交叉口，正是南京路商圈的心臟地帶，也是人潮及錢潮匯聚的核心。

中百一店總經理吳正林在接受本報記者及中華工商時報記者訪問時即表示，一個地區的繁榮，必須依靠大型商場來帶動，例如以往上海南京路的四大公司，對當地的繁榮，即扮演了主導性的角色。而中百一店承續了南京路商圈的傳統優勢，在上海恢復為全大陸最大商業中心都市的過程中，登上全大陸營業額最大百貨公司的寶座。

邁向現代化經營模式

去年（一九九二）中百一店的營業總額高達十三億三千萬元人民幣，再度蟬聯大陸百貨公司的營業額總冠軍。而這家「全大陸生意做得最大的百貨公司」確實名不虛傳，當記者一腳跨進中百一店的營業大廳之後，立即陷入洶湧的人潮中，這時候記者才真正體會到「水泄不通」的臨場感，這是在台灣任何一家百貨公司都碰不到的情況。

南京路的人潮與錢潮，固然是中百一店經營的利基所在，成就了這家百貨公司傲人的業績，但是在改革開放之後，南京路上的百貨公司群雄並起，逐鹿中原；尤其是大陸最近對外商逐步開放內銷市場的大氣候中，外商、港商及台商更挾著雄厚的資金，及現代化的經營管理技術進軍大陸市場。在這種競爭日益激烈的大環境中，中日一店又如何維持其「第一」的寶座於不墜呢？

平易近人、温文儒雅的吳正林不諱言中百一店目前所面臨的激烈競爭，但是他更以前瞻性的理念，為中百一店維持現有優勢及更進一步的壯大發展，規劃了週延的經營藍圖及致勝的商戰策略。

「讓顧客滿意，向社會盡責」，這是中百一店經營的核心理念，也是吳正林念茲在茲為大陸百貨業的經營，開創新空間的終極目標。眼前的中百一店大樓固然刻畫著歷史的痕跡，但是現代化、前瞻性、專業性的經營理念及模式，卻在這棟大樓中逐漸呈現、發展，而成為促使中日一店持續蛻變與成長的原動力。

大市場、大流通理念

對於想要進入大陸內銷市場的台商而言，一走進上海第一百貨商店，馬上就能具體感受到大陸市場的脈動。龐大賣場中川流不息的擁擠人潮，展現出可觀的購買力，而這也正是中百一店經營的優勢所在。

中百一店總經理吳正林以他經營大型百貨公司的經驗，在與記者的對談中，頗為推許「大商業、大市場、大流通」的經營理念與實踐，他認為大型的百貨企業經營規模龐大，可以集購物、娛樂及餐飲於一體，作整體性的經營，其次大百貨公司的商品多，可以提供消費者更多的選擇；同時大百貨公司的購物環境及相關的設施都比較優異，這些因素使得大百貨公司吸引大量的人潮，並帶動整個商圈的繁榮。

而中百一店正是一個典型的大百貨公司集團，去年三月十五日中百一店正式組建集團公司，旗下共擁有十四家企業，整個集團企業分為三個層次，即核心層——中百一店，緊密層——控股五〇％以上的公司，半緊密層——中百一店集團參股的企業，但控股數未達五〇％；另外還有一些具有契約業務合作關係的企業。

目前在大陸推動市場導向經濟改革的大潮流下，中百一店的經營組織型態，已朝向股份制的方向發展，在各項籌備工作順利推展的情況下，該公司預定在今年二月將股票公開上市。吳正林指出，組建集團公司並將股票上市，一方面可以提升企業的知名度，同時也可以增強企業的凝聚力，當然最主要的目的仍在於籌集營運資金，此次股票上市預定籌集四億七千萬人民幣的資金，作為擴充企業營運之用。

從百貨業經營的觀點來看，百貨公司絕大部分的銷售活動都在賣場進行，而營業的利潤也大部分由此產生，因此賣場面積大小、內部空間的設計裝潢，及營業人員服務品質的水準，實為百貨公司內部影響經營成敗最重要的硬體及軟體。

為了使經營年代已久的中百一店，能夠趕上百貨業經營的新潮流，同時也為顧客提供更舒適的購物環境，吳正林已計劃在今年改造該公司的兩個賣場，並加裝六部自動電扶梯，使得中百一店的賣場能展現時代潮流的風格，讓顧客在購物時更覺便利，預計此項改造計劃在今年內完成之後，將使銷售利潤大幅成長。

而在服務品質的提升方面，則以「抓管理、抓服務」的策略方針來推動。

擴展新業務實施專業分工

「中」百一店目前正面臨激烈的競爭，中百一店總經理吳正林率直地道出了，上海南京路上一場正在進行的百貨業大商戰。

任何人只要在南京路上逛一圈，就能夠深切感受到，各家百貨公司激烈較勁的氣氛。

老的百貨公司如中百一店、華聯商廈、新世界公司、萬象百貨公司等不斷地進行賣場改造、擴充，同時更以提升服務品質，及舉辦幸運抽獎以招徠顧客，獎品包括汽車、機車甚至於商品房，而帶動各公司的銷售熱潮。

另一方面新的百貨公司如南洋商場、長城商廈等紛紛開業，而更令人矚目的是，以往南京路上四大公司之一的先施百貨公司，也再度擇吉開張加入戰圈。這些新開業的公司均挾著裝潢豪華的現代化賣場，及引進外商的經營管理技術，而在南京路商圈掀起一股旋風。

在面對這一場空前激烈的商戰之際，歷史悠久的老字號中百一店又將如何應戰呢？

吳正林以從容不迫而自信的口吻向記者說，中百一店不怕競爭，而且早就擬妥一套整體的經營發展規劃，不但足以應付各種挑戰，同時還能讓企業進一步成長壯大。這一整套規劃主要分三方面進行：一是現有企業的發展，二是擴張新的業務空間，開設新分店，三是進行企業內部重組及專業分工，例如將目前公司內的運輸部門獨立出來，成立新的公司。

吳正林信心十足眼光獨到

當吳正林談起經營上海第一百貨商店的點點滴滴時，娓娓道來如數家珍，令人自然而然也體會出，為什麼中百一店能拿下全大陸百貨業營業額冠軍的寶座。

自基層售貨員幹起的吳正林，對百貨業的經營不僅有一種完全投入的熱誠，更有他獨到的看法及前瞻性的策略規劃。

他對大陸百貨業者經營的優缺點瞭若指掌，同時也深刻體會出，大陸百貨業要迎頭趕上世界的水準，要持續吸引消費者上門，就必須借鑑並引進先進國家百貨業的經營管理方法。

因此吳正林特地前往日本考察當地百貨業的經營風格，而在深入分析十六家日本百貨公司的經營實況之後，他為中百一店架構出配合整體經營環境及市場變化的經營藍圖，以促使中百一店的營運能持續居於領先的地位。

在吳正林自信的眼神中，浮現出中百一店的活力與遠景。

與台灣、美日廠商攜手合作

在目前大陸強調對外開放的格局下，大部分的大陸企業基於改革經營體質及擴大市場佔有率的考量下，均積極爭取與外資企業合作的機會，藉以引進資金、設備及技術。上海第一百貨商店也充分掌握了此一時代發展的趨勢，同時更由於中百一店的規模龐大，並掌控大量的市場通路，使得其與外商合作的渠道趨於多元化，目前已經有台灣、美國及日本的廠商與中百一店展開各種合作投資的項目。

吳正林表示，對於與台商合作發展業務方面，中百一店表現了相當高的興趣與熱誠，而且也已經於去年（一九九二）十二月廿七日，與一家著名的台灣超級市場業簽約，合作在上海滬泰路經營一家超市，而開啟了中百一店與台商正式擴大合作的新紀錄，這種型態的合作，一方面使中百一店能夠引進台灣精緻的商品，及台商經營現代化超市的技術與經驗；另一方面台商產品則可經由中百一店的市場通路行銷至大陸市場，成為典型互補互利的兩岸經貿交流模式。

而中百一店與日本八百伴百貨公司的合作則是備受各方矚目的焦點，目前這兩大百貨巨人除了已經簽定協議，計劃在浦東合作設立大型的百貨公司之外，雙方並合資在上海浦西的商業區興建一座綜合商場新世紀商廈，這座商廈也已經在去年（一九九二）的十二月廿九日打樁，未來將為中百一店提供現代化的營運空間。

吳正林指出，同時中百一店為落實多角化經營的策略，發展商業相關的產業，目前已與美國康姆司商用計算機公司合資設廠，製造收銀機，由於市場反應熱烈，曾創下三天之內接獲六百部訂單的紀錄。另一方面也與一家美商公司合資設廠，製造百貨公司用的貨架，在大陸一片百貨公司開業熱中，全力開發此一市場。

外商加速進軍百貨業

■張瑞賓

主管上海百貨零售業務的上海第一商業局表示，近來由於外商加速進軍上海的百貨業，已使上海百貨零售業的景氣升溫。他估計，今後兩三年內，上海的百貨零售業，將以二位數的高速增長，而今年上海百貨業的成長速度，也應會超過二〇%。

香港貿易發展局執行副總裁王林奕蘋也在香港信報發表專文指出，上海百貨零售業的發展潛力，應居大陸各大發達城市之冠。以往由於中共政策性地限制上海商貿領域的發展，致使上海的百貨零售業，徒具開發潛力，市場卻一直不夠熱絡。

然所，王林奕蘋認為，近來因為中共中央已決定「開放上海，開發浦東」，使上海重新發展，成為引領大陸經濟發展的商貿大城，因此，他說，目前上海零售業發展之蓬勃，幾乎已經重新躍居全大陸之冠。

據悉，中共商業部去年公佈的「一九九二年全國營業最佳百貨店」評比報告中，上海第一百貨及上海華聯商廈等二家大型百貨商店，其營業額分別為十三億四千七百萬元（人民幣，下同）及十億零三百五十萬元，分居去年（一九九二）大陸營業額最高百貨商店的第一名及第二名。若以總營業額論，則去年上海零售業的總營業額，也成長高達一八・五%。

上海第一商業局更估計，今後兩三年內，上海零售業的万長幅度，應該能保持二位數的成長速度，而且未來發展潛力無窮。

王林奕蘋表示，由於未來上海百貨零售業的發展潛力誘人，據悉，港資先施百貨、東方商厦等大型百貨商店，已相繼加入上海百貨業的商戰之中；而日資的伊勢丹百貨、及台資的中興百貨、大統百貨等，也分別以注資的形式，即將陸續加入上海百貨商戰的陣容中。

外商在上海的零售百貨業商戰，即將點燃。據悉，目前進軍上海百貨零售業的衆家外商當中，主要以港商、台商及日商等三股勢力為主，台灣百貨業在搶攻上海百貨零售業的商戰中，能否脱穎而出，並一馬當先佔領市場，極受矚目。

據了解，近來中共政權因急欲「開放上海，開發浦東」，使上海能快速發展，成為引領長江流域這條經濟大龍騰飛的商貿大城，因此，自去年以來，上海零售市場的發展潛能，一直是外商關注的焦點。

據記者實地採訪發覺，目前積極搶攻上海百貨零售市場的，以港資、台資及日資等三大勢力最受矚目。其中，日商八百伴百貨公司與上海第一百貨公司，合資在浦東陸家嘴金融貿易區，共同成立的上海八百伴百貨公司，算是打開外商進軍上海百貨零售業的序幕。而另一日商伊勢丹百貨公司新近和上海華亭集團，共同於淮海中路籌設的上海伊勢丹百貨公司，則是日商進軍上海百貨零售業的又一例證。

除日商之外，港商可說是外商進軍上海百貨零售業的主流。據悉，在大型百貨業的合資案當中，港商華潤集團已夥同上海另一大百貨商場體系的華聯商廈，同樣在浦東陸家嘴貿易金融區，未來上海八百伴百貨公司的附近，共同成立了上海新商城。此外，目前港商在浦西經營現代化中型百貨商場的，尚有東方商廈、先施百貨；計劃推出的，還有位於上海最繁榮商業區之南京東路的曼哈頓廣場，日內即將推出上市。

與港商、日商相比，已積極著手進軍上海百貨零售業的台商，為數尚不多。其中，已進行到投資合作階段的，只有中興百貨和大統百貨兩家。據悉，台灣中興百貨已和上海第十一百貨串連，擬利用上海十一百在徐家匯商業區現成的大樓，進行裝修改建後，以全新的包裝，主銷台資產品的策略，重新進入市場。屆時，這家標榜以台灣百貨業經營手法的百貨商場，在進入市場，面臨來自日商及港商百貨業者的經營競爭之後，能否在衆家外商角逐激烈的上海商戰中，脫穎而出，雄霸一方，備受關注。

最風光的高檔消費大本營

■梁寶華、王玉鳳

北京古名「燕京」：德國航空公司（LUFTHANSA）在大陸的譯名叫「漢莎航空」。北京市當局和德航合資興建的一座國際商貿中心因而順理成章地被命名為「北京燕莎中心」。

燕莎中心位在北京市區的東北角，亮馬河一帶，左右不遠處就是鼎鼎大名的長城飯店和昆侖飯店。外來旅客從「首都國際機場」坐車進北京城，通常會通過這塊地方，當你看到車窗外出現高達五十多層、頭頂彷彿戴著「滿大人」朝帽的「京城大廈」時，就差不多已進入「燕莎中心」的勢力範圍。

處在五星級飯店和摩天大樓包圍中的「燕莎中心」，受到商業區位因素的制約，一出生就註定無法走「王府井大街模式」或「上海南京路模式」的大眾化生意路線，它被迫必需全力提升經營檔次，把自我塑造成大陸商貿圈的「珠穆朗瑪峰」（我們稱之為聖母峰）。更何況，在它的周圍，還有一大串的外國使領館；那兒是大陸涉外事務層級最高的地方。

國營事業駐進德航的殼子

燕莎中心裏面的凱賓斯基飯店，現在已是北京最豪華的賓館，比「王府飯店」有過之而無不及。

但更受人注目的是，緊挨著凱賓斯基飯店的「北京燕莎友誼商城」，號稱全大陸最高檔的百貨商城——賣場最現代化、商品的質量最高級、進口貨最多、接待的外賓也最多，當然，價錢也是最貴的。

門面向北京市東三環路大道敞開的燕莎友誼商城，目前已成了整個「燕莎中心」社會形象的代表。在這座充滿洋味的建築物裏，擺賣著每組售價動輒人民幣數萬元的進口家具，每套數千元的舶來時裝，來自台灣的精緻小家電，還有價值連城的古董彷彿置身台北忠孝東路或香港銅鑼灣「SOGO百貨」。

燕莎友誼商城的總經理郝樹仁日前接受本報和北京中華工商時報的聯合採訪。從他的口中我們知道，這家商城至目前為止，除了建築物是「中德合資」蓋起來的以外，商城本身居然是一家不折不扣的國營企業，由「北京市友誼商業服務總公司」負責經營。不過，郝樹仁也透露，目前已和一家新加坡財團洽妥合資案，並可望在近期內獲當局批准，成為全大陸第一家開業的中外合資百貨商場企業。

郝樹仁本人並非外來專家，他是大陸本土培育出來的商業人才。不過，和我們談話時，他毫不避諱地突出燕莎商城的「高品質、高價位」形象。而且他一再強調，燕莎並非專對外賓服務，「內賓」所佔的比重比外賓有過之而無不及。

我們彷彿站在大陸人民消費層金字塔的塔頂，親身體會到大陸零售商業最冒尖的部位。

這是掌握大陸高檔消費潮流的最佳「制高點」。

外賓內賓揮金如土的好場所

號稱全大陸最高級的百貨商場——北京燕莎友誼商城，開業不到半年，就已成為外賓觀光團的購物重點。其中台灣遊客占的比重不小，而且許多台灣客在此一擲千金，面不改色。

據該商城總經理郝樹仁表示，台灣遊客來這裏買東西的特點：「是要買最貴最好的」，種類則偏向大陸著名的中藥、茶葉、酒、絲綢、陶瓷等。他說，商城開沒多久，一棵標價三萬二千元人民幣的野山老人參就被台灣客買走，這位台灣遊客並且喜孜孜地表示，他終於找到了送給老母親最佳的壽禮。另外，幾千元人民幣一隻的紫砂壺也成了台灣客購買的熱門商品。

一般而言，郝樹仁說：「本地人買進口貨，外賓買大陸貨。」不只台灣客愛買高質高價的大陸貨，外國遊客也以大陸的特產與高級工藝品為其購買重點。郝樹仁表示，當初只想拿出來擺擺門面，售價高達六萬元人民幣的雞血石，和十萬人民幣的麒麟玉雕刻，都被外國遊客一眼看中，以信用卡付款買走。而海外華僑的消費力也不容小覷，據說，在我們前往該商城採訪的幾天前，就有一名美國華僑在燕莎購買了廣東潮州製造的四扇屏風，定價十三萬五千元港幣，經討價還價後，以十萬零八千元港幣成交。數萬元人民幣的紅木家具也是華僑們愛買的，另外，高級的進口辦公文具用品的主力消費群則是駐北京的各國使領館和外國商社。

燕莎友誼商城內的商品有二〇%是進口貨，四〇%為合資企業產品，三〇%為大陸本土企業產品，整體商品水準及價格都走高檔路線，郝樹仁坦白地表示，這是一座以高消費者為主的百貨商城，針對的客群除了外賓外，還有收入在中上，購買力較強的當地人。

即使堅持走高檔、高價路線，來此購買高價商品的大陸民衆卻不乏其人，本地人尤其鍾愛進口的高級商品，郝樹仁舉例說，前陣子有一對本地夫婦在燕莎買走了六萬九千八百元人民幣的法國進品家具，當夫婦倆討論的時候，商場人員才隱約知道這對貌不驚人的夫婦至少擁有兩棟以上的房子，而且正在打算如何裝潢等等。郝樹仁以他多年來的經驗提醒記者：「賣東西不能以貌取人，真正有錢的人是看不出來的。」

本地人愛買貴的進口商品還反映在下列實例：在鐘錶區，最昂貴、標價十六萬八千元人民幣的勞力士錶擺出來不到一周就被當地人用大筆的現款買走了。售貨員驚訝地詢問這位顧客是做什麼行業的？但是這位有錢的當地人卻神秘地不肯透露：他們只能猜測，也許這買主是個體户，或搞承包制的企業經理等。

另外，一套二千八百多元人民幣的義大利進口西裝，「掛上不到一天就賣了兩套。」郝樹仁說：「在這裏，進口品都是中國人買，而這裏經受得起高檔消費的本地人已經逐漸多起來，他們對價格是無所謂的。」

郝樹仁在接受採訪時，似乎有意向我們灌輸一個觀念，那就是「大陸並不缺有錢人」。他說，燕莎友誼商城裏數萬元人民幣的商品賣得非常好。以毛裘類為例，標價兩萬元人民幣以上的裘皮服裝迄今大概賣出了十件左右。而一萬元至二萬元人民幣價位的裘皮服裝，在十月份天氣漸冷之後，平均每二天就能賣出一件。這似乎反映了某一部分（也許是小部份）的大陸民衆，已擁有我們想像不到的超高消費能力。而燕莎全力突出高檔次形象，正好鎖定這群超高消費客群，等於說，北京的超高消費群甫冒出頭，立即被檔次「高高在上」的燕莎吸走。這是燕莎眼明手快的地方。

根據郝樹仁的講法，燕莎目前的主力客群，在大陸本土顧客方面，是「月收入一千元人民幣以上」者。我們和北京中華工商時報的同行都很好奇，北京地區達到這種收入的人口比例究竟有多少？換句話說，北京地區究竟需要幾家「燕莎」？

與外資合作自行掌控進出口

北京燕莎友誼商城和新加坡新城集團的合資案，近期內可望獲中共中央當局批准生效。這件合資案最主要的意義之一，是讓新加坡新城集團以外商身份取得進出口權，自行掌控內外銷渠道。這對台商是一個重大的啟示。

衆所周知，由於大陸以往對外商經營進出口業務限制相當嚴格，規定除外資工業企業可經營與本身產銷有關的進出口業務外，商業企業領域對外商從事進出口業務，向來皆採封鎖態度，一直是外商的「禁區」：因此目前外商（包括台商）若欲進口海外商品在大陸市場銷售，或從大陸組織貨源外銷，通常需透過有進出口權的大陸本土公司代理，給後者居間賺一手。

也正因此，新加坡新城集團得以利用與北京燕莎友誼商城的合資案，以外商身份取得進出口權的案例，自能引起矚目。

由於燕莎友誼商城已於今年（一九九三）七月一日開業，新加坡新城集團係於事後加入合資，因此，該合資案連同進出口權一旦獲准，合資雙方即可藉燕莎友誼商城的名義，開展進出口貿易業務。

郝樹仁表示，大陸目前才剛剛開放零售商業企業從事中外合資經營，目前雖有此類大陸企業與外商簽訂合資經營合同，但尚未有一家正式對外開業：因此，燕莎、新城合資案將成為全大陸最早開始營業的中外合資商業企業，其他合資案，目前不是尚未營業，就是屬於興建營業場所的「房地產投資」，並非商業合資。

至於進出口權問題，郝樹仁表示，「這涉及政策問題，在大陸根本無例可循」；因此，中共有關單位正慎審評估中，包括商業部、外經貿部的外貿司、進出口司、貿管司、國家經委、計委等單位，都需審核通過。

郝樹仁並表示，大陸截至目前為止，尚未給予國內零售商業企業進出口權，燕莎在這方面，可望拔頭籌；尤其是允許外商藉合資方式跨進外貿領域，更是一大突破。

郝樹仁說，燕莎和新城未來經營出口的原則包括，㈠經營產品項目以燕莎友誼商城經營的項目為原則㈡進出口金額最高限度為該商城銷售額的卅%㈢出口金額應大於進口金額。

中共中央並就試辦外商投資商業零售企業作出規定；主要內容係要求外商投資商業零售企業需以合資或合作方式經營，暫時不允許獨資形式；並規定合資、合作案須由國務院審批，合資雙方資格均需經商業部審核等等。

公司領導堅持人才第一觀念

今年五十九歲的燕莎友誼商城總經理郝樹仁回憶說，他「這一輩子都在幹這一行，没幹過別的，幹別的也不會」；打從年輕時自北京市商業管理學校畢業後，就和現在北京市百貨大樓總經理郭傳周、西單商場總經理王權、東安集團總經理于瑢這些「哥兒們」在北京市百貨公司工作；在北京市百貨公司一待就待了卅年，卅年期間包括保管、售貨、驗收、計劃業務等不同門類的工作都幹過。

後來，深圳辦特區，「經織」就派郝樹仁到「深圳友誼公司」擔任副總經理一職；郝樹仁表示，當時深圳開辦特區之初，缺人缺得兇，尤其是缺幹部；郝樹仁在一九八二年到任，一年後，即晉升為總經理。八六年回北京出任該市旅遊商品公司的總經理。直至九一年三月間，被調任籌辦燕莎商城。

目前在大陸像郝樹仁這樣具備從基層到決策管理的完整商場經營資歷的人才並不多見。

郝樹仁表示，當初籌辦這麼一座先進的大型商場，就大陸言，是以往没有的經驗；有關部門更要求他依「國內一流水平，甚至國際水平」的標準，來籌辦燕莎友誼商城。

而在承接此一任命後，郝樹仁首先即考慮到「人員培訓」的問題，他認為員工素質的優劣，係決定商場經營成功與否的第一要件；因此郝樹仁不惜重資聘請日本專攻百貨經營方面的大學教授，來為燕莎員工進行教育訓練。

郝樹仁高興的說，這種訓練的績效在商城營業後，完全表現出來；他指出，以往在大陸像燕莎這麼大的商場，在開業之初進貨、帳款不亂的很少，而燕莎這群平均年齡才廿三歲的員工，卻能締造帳目核對相符維持九十九％以上的水準。

郝樹仁的「人才第一論」，給我們留下深刻印象。

取名「商城」以凸顯高貴彩色

兩岸分隔四十年，彼此不單在生活習慣、意識型態上大不相同，甚至在遣辭用字方面，也產生相當差距。

例如，燕莎友誼商城這麼現代化的地方，就不以台灣流行的「百貨公司」為名，而打出了「商城」的名號，這是為什麼？

原來「百貨公司」一詞，在大陸人民的認知中，有「老式的國營大商店」的意涵，並不現代化。

至於「商城」一詞，在大陸屬中性名稱，其所代表的詞意，就比「百貨公司」來得親切動人。

而「商城」比「商場」更高檔，它是改革開放後新興的強勢名號，不僅予人豪華、高級的觀感，更有「貨品齊全不虞匱乏」的意涵。

此外，由於長期專營對外賓銷售商品業務的「友誼商店」，使大陸人民直覺，帶有「友誼」二字的商店，就是「高檔商品專賣店」，因此，燕莎特別把「友誼」二字作為店名的一部分。事實上，燕莎和北京建國門外大街的「友誼商店」並沒有關係。

高檔集中克服地域偏遠缺點

位於北京市區邊緣的燕莎友誼商城，並未像一般大陸百貨商場一窩蜂地擠人潮洶湧的地區，興建之初並不被看好。然而該商城目前平均日銷售額卻達到了一百五十萬元人民幣以上，位列北京零售商業界的前茅。

燕莎友誼商城總經理郝樹仁搖頭微笑說：「在開業前來考察合資的外國客商，沒有一個人說這兒位置好，開業以後，卻每個人都說好。」郝樹仁感到有點好笑地形容：「當時台灣、香港來的老闆也不少呀，可是一看地點……應該這麼說吧；來時是滿腔熱情，回音者可是少之又少。」

燕莎友誼商城之所以打響名號，一部分應該歸功於本身經營的商品檔次和選擇的區位相符。它位處使館區，外國商社也多，把握住了相當多的外國客源。

另外，雖然離中心有段距離，但是門前寬敞的新建馬路以及停車場，帶來了一車車的外國遊客。進出此地的車輛有一部分是大型遊覽車，也有不少轎車，這些擁有或調得動轎車的人是高檔商品的主力消費群，他們並不在乎一點點車程，反而最不願意去那種摩肩接踵的大衆型百貨商場購物。目前號稱北京最熱門的王府井大街就是吃了「歷史悠久」的虧，不但街道不夠寬敞，人潮過多，更嚴重的是「只看不買的人多」。

如果以北京比台北，燕莎的所在位置應該等同於台北的信義計劃區。

燕莎的案例證明在大陸開百貨公司也必須根據其定位客源的習性來選擇所在區位，而不能一時地擠所謂的「黃金地帶」。

透視中國零售通路布局

■戴國良

〈作者按〉筆者最近（一九九三年）有趟考察中國大陸市場之旅，深切體會到中國市場零售通路之實況，願意就所見所聞提供出來，做為國內業者未來在中國大陸投資規劃參考之用。本文的行業重點將以食品業的零售通路為主。

九種零售系統

中國市場目前的零售系統，大體上有以下九種，茲略做說明如下：

1. 糧站：「糧站」是糧食管理站的簡稱，有時亦稱「糧店」。糧站的主管單位在省級來講是糧食廳，在市級來講是糧食局。在過去計劃經濟的時期，糧站可以說供應大部分居民所需的糧油產品，包括大米、麵粉、油脂、食品等項目。

「糧站」過去曾有輝煌歷史，在糧油食品通路上佔有極重要角色。但隨著經濟改革開放的影響，各種個體户的零售店、批發商及大型百貨超市的興起，糧站在銷售渠道上的份量已漸漸衰退。不過，雖然如此，糧站的特色在於其有廣泛的舖點，可深入每一個鄉鎮村里。例如，福建省糧食廳在全省就有大大小小糧站二千一百個；瀋陽市境內也有四百個糧站。

不過，糧站的未來致命傷，將是它所處的位置並不理想，店頭外觀也很陳舊，缺乏現代化零售店面的條件。

我國食品業者欲到中國投資，可考慮與各市糧食局合資或合作經營，以便能透過糧食局的糧站系統迅速將產品舖貨上線；不過最新情況演變是糧站現在也可自己選擇進貨來源，不再以糧食局轄下加工廠的貨源為唯一來源。

2.國營企業的生活系統：在中國大陸，有很多上千上萬員工的中大型國營企業，整個企業內部就像是一個團體，員工們不僅工作在一起，甚且所有的食衣住行育樂等也在照料範圍之內。

在這種情況下，若能有效打入中大型國營企業的生活系統中，從伙食、節日禮品、日常食品餽贈等消費量，將是十分驚人的。

不過，要想打入國營企業的生活系統，除了產品在品質、價格與售後服務要較原供應商略勝一籌外，還必須透過各種高階政治管道與各大型國營企業的管理當局建立深厚的信賴與利益關係才行。

3.副食品商店：國營的副食品商店中，所銷售商品多為水果、乾貨、罐頭、餅乾、麵食、飲料、禮品及烟酒等項目。這些副食品商店的舖點也算十分廣泛，例如，在大連市境內各大小副食品商店也有百餘家，不過均以小型居多，與台灣地區的雜貨店頗為類似。

4.批發企業：國營的批發企業是國務院商業部下糧食局、供銷總社等機構所轄的供銷企業，這些企業負責批發與運輸商品到國營的副食品商店或個體户商店。

值得注意的是，中國零售市場上，除了國營與集體經營批發業務外，私營的批發企業也如雨後春筍般設立，與國營系統爭奪著批發這塊市場大餅。

5.百貨公司：中國大陸各中大城市已有多家百貨公司或商場，例如上海第一百貨公司（亦稱中百一店）、上海市華聯商廈、北京市西單百貨商場、武漢市武漢商場、廣州市南方大廈百貨商店、天津市百貨大樓、哈爾濱市第一百貨商店……等。均是中國大陸營收較多的前幾家大型百貨公司。這些百貨公司大多在一樓闢出一個區域，專賣副食品與其他食品或日用品等，與台灣百貨公司附設的超級市場類似，只是面積沒那麼大。

商品可賣斷給百貨公司，有的則是託售，有的則可自行在百貨公司設櫃、由廠商自己派人員銷售。以瀋陽市為例，在大型百貨公司承租攤位的價格為：管理費每個月三百～五百元人民幣，另就營業額抽取一七％費用。

中國大陸的百貨公司流動人潮很多，購買力也較強，亦算是一種理想的銷售渠道。

6.超級市場：中國大陸的超級市場是指除了銷售副食品外，也兼賣日常用品與雜貨的大型商場，其中較具代表性的如北京市的長安商場。

超級市場在大陸仍屬初步發展階段，不過近年來已有不少港資企業到中國大陸合資經營大規模的購物中心以及現代化超級市場。類似台灣的頂好超市連鎖店相信不久將來也會在大陸崛起。

7.個體與集體商店：中國大陸對銷售流通渠道採取開放措施後，許許多多個體商店或集體商店便湧現，充分代表市場經濟體制的活躍。這些個體私營商店與台灣的一般零售商店或平價中心相類似。

8.食品加工廠及餐廳：一些麵粉、糧食、油脂、配料等亦可以食品加工廠及餐廳做為銷售對象。

根據筆者的考察發現，中國大陸麵食習慣已漸漸養成，諸如方便麵（速食麵）、高級餅乾、包子、麵包、三明治等日益受到歡迎。台資企業頂新公司在天津市所生產的「康師傅牛肉速食麵」早已暢銷中國華南華北各地，在福建省的福州市、廈門市都可買到，而且售價頗高（大概三·五元到五元人民幣）。

9.自由市場：所謂自由市場的經營方式有點像台灣的菜市場，所賣商品的層次較低。

以上提供了食品業者在中國市場行銷的幾種主要零售渠道，可善加組合運用。

零售渠道完全開放

除了前述說明外，總的來看，筆者有幾點結論說明：

一、中國大陸現在的零售渠道已完全開放，代理老大的商業部與糧食局過去獨佔性局面，已漸漸瓦解，他們也正面臨機制改革與提高經營效率問題，將來若不能強化其本身的流通服務競爭力，這種系統的營業額恐會日益萎縮。當然，短期內仍是台商進入市場，可藉助的力量對象之一。

二、親身體會之後，可以發覺中國大陸各零售店面甚或中大型百貨商場，其在店面裝潢與零售自動化方面仍顯極為落後。這顯示，未來在中國大陸，不管是投資經營現代化百貨公司、購物中心、超級市場或者連鎖便利商店的零售業，將是前景光明有利可圖的。

三、從宏觀角度看，中國市場的零售渠道發展的軌跡與台灣的經營頗為近似，以現代化來衡量，即使是在中大型城市，仍落後台北市二十年之多。

四、雖然中國零集渠道發展還有一大段革新歲月要走，但是別忘了它的市場規模與潛力仍是肯定存在那裏的，因為中國畢竟太大了，人口又多的不得了，尤其在上下班時刻，主要幹道兩旁的自行車專用道充滿了騎車人群，就讓人對這個市場的未來充滿著期待。

進入中國市場，顯然要以掌握零售渠道為先鋒。

台商最愛蘇南鄉鎮企業

■魯劍

江蘇省省長陳煥友於今年（一九九三）初宣布，一九九二年，在江蘇的外來投資中，台資是居港澳之後，而列美國、日本之前的第二位。台商投資集中在蘇南地區，占到這裏外資總量的二五％左右，這是繼廣東、福建之後的第三個台資投入的集中地區，無論數和量都遠超過了附近的上海市，且有不斷增長的趨勢。一九九二年，江蘇接待了台灣客商二五萬餘人次，新年伊始，登上這裏尋求合作的台商又紛至沓來，這一現象引起兩岸新聞界和經濟界的興趣和關注。

蘇南是中國的黃金寶地

蘇南地區是指襟長江而裏太湖的蘇州、無錫、常州三市，三市市中心間距平均約四十公里，依次排列於滬寧線上，在三市的轄下有十二個縣或縣級市：昆山市、太倉縣、常熟市、吳縣、吳江縣、張家港市、江陰市、無錫縣、宜興市、武進縣、溧陽市和金壇縣。人口素質堪稱是大陸的佼佼者。自大陸改革開放以來，這塊「魚米之鄉」崛起了鄉鎮企業五萬餘家，使這裏成為江蘇經濟的頂梁柱，一九九二年，三市的國民生產總值占了全省的四八％，財政收入占了五十％。十二個縣（市）中，國民生產總值超過百億的縣有九個，無錫縣以超過三百億元而雄居全國二一〇〇個縣之榜首。一九九二年，全國鄉鎮企業排行表上，江蘇以二八七〇億奪魁，而蘇南三市鄉鎮企業則高達二千多億元，占了全省的八〇％左右。

蘇南是國家財政收入的重點地區，九〇年蘇南地區遭洪水侵襲，在全國引起的震動除了人道的因素外，還有「淹了聚寶盒」的經濟上的因素，足可見其舉足輕重的地位。統計資料表明，自一九七八年至一九九二年以來的十四個年頭中，這裏的國民生產總值以年平均超過十七％的速度在增長，成了大陸經濟發展的寵兒。

優化投資環境的「三著棋」

蘇南不僅靠自身的經濟發展吸引外來投資者，而且靠地區、企業，特別是鄉鎮企業不斷優化投資環境來吸納和消化外資。以外資投入重點的蘇南鄉鎮企業為例，他們就致力於下好「三步棋」。

第一步棋是重技術改造，力爭用先進的技術裝備改造鄉鎮企業。幾年來，EDY投資技改是蘇南財政支出的重點，僅去年，蘇、錫、常三市用於這方面的投資就超過一百億元，以現有技術裝備論，今天蘇南鄉鎮企業不能不令人刮目相看了，以下數字很能說明問題：全地區鄉鎮企業七〇年代後期的設備約占五十%，八〇年代先進設備占了卅%，六〇年代設備僅占廿%，新舊設備的比例為八：二，這個比例，與大陸任何一個工業城市相比，也是毫不遜色的。就蘇南技改狀況而論，誰下的本錢大，誰的效益也就出色。無錫縣去年就投入了卅億元用於技改，何以無錫縣能成為「強龍之首」，這個答案就十分明確了。蘇州市吳江縣的盛澤鎮，號稱「華夏第一鎮」，九二年工業產值超過了卅六億元，去年投入技改的為五千多萬美元，建成了EDY仿絲生產線八條，引進三三四〇噴水織機和噴氣織機七十台，使該鎮的裝備達到了九〇年代初國際先進水平。此舉使它們的產品行銷世界，打入了仿真絲發源地日本。

第二步棋是重視引進人才。蘇南鄉鎮企業用了可謂「一搶二借」的本領，「一搶」是見人才就搶，只要是自己需要的具有真才實學的人才，他們捨得花本錢，下力氣。比鄰上海的昆山市，七年間引進了各類人才七千餘人。對於群體化的「搶」不動的，還可用「借」，即許多鄉鎮企業與各地大專院校、科研機構建立了合作開發，把他們的科研成果嫁接和移植到蘇南來。權威部門估計，蘇南鄉鎮企業整體科技水平之高居於全國領先地位，如果與大陸先進城市相比，其差距比之全國平均水平要縮短整整十年。無錫縣在開發新產品中就注重了「兩大」：連鎖效應大、市場潛力大；「兩高」即技術密集程度高和附加值高；「兩低」即耗能低和污染程度低。

第三步棋是改善交通、通訊條件。現在的蘇南鄉村，已不是原始的鄉村田園了，這裏的鄉鎮企業不但解決了「三通」，許多廠長都已手持「大哥大」，操作電腦，使用世界最先進的方法掌握信息和管理企業了。特別是蘇州、無錫、常州都有國家級的技術開發區，以及省級、市級的開發區，使這裏的投資環境布局更合理、更優化。

上述三步棋連同鄉鎮企業本身具有的政策優惠和靈活的經營特點，使許多外商樂於來這裏投資，一九九二年，江蘇外商投資的重點在鄉鎮企業，達六〇

○○餘家，占七五%左右，對於精明的、信息靈敏的台商來說，選中這裏投資也就順理成章了。

台商投資現狀分析

在蘇南投資的台商，多為中小業主，因此在投資選擇上，表現出了與他們自身狀況相適應的特點，主要是：

投資客商多，但每個項目投入資金數量並不大。中小業主投資選擇大陸，看好蘇南，因為這裏不但有熟練且相對低廉的勞動力，較充足的資源，而且有較強購買力形成的市場優勢。

投資門類多，不但是工業，而且有商業零售業、旅遊業、餐飲業等第三產業。隨著大陸不斷開放，一些過去設禁的行業和領域也開始允許引入外資，諸如文化、教育、信息行業，使投資者有了更多的選擇範疇。但是中小業主因其資金挪有量的限制，對於大陸急需的投資行業，如交通、通訊、能源等基礎項目的投資顯然問津者較少。

投向鄉鎮企業多。從資金的投向分析，主要的是投向鄉鎮企業，約占台資投入總額的六十%以上。這是因為鄉鎮企業，特別是村級鄉鎮企業，不僅規模小，而且經營靈活。相比之下，全民所有制企業在吸引台資上，似乎稍遜一步，一是由於這些企業經營機制轉換不及時；二是全民所有制企業有些由於規模過大，而使台灣中小業主不敢問津。近來，蘇南地區的一些全民企業，開始讓分廠或產品生產部門以獨立法人資格，與外商分段、分塊合資，也取得進展。有的廠，在一個廠門裏竟有六、七家合資企業，這是吸引台灣中小業主投資的又一舉措。綜觀台商在蘇南投資狀況，似乎表現出了一個「急功近利」的傾向，注重於短期內獲益是第一原則。例如在蘇南有一批鄉鎮企業或國營小企業，致力於科技開發，一批有換代升級希望的新產品急需投入以上台階，但是在引進外資時，常因其不能短期產生效益而使台商卻步。如果投資者在作投資選擇時，也能考慮上述因素，既看到眼前的效益，又有長遠的基礎，無疑將是十分明智的。

北京東安商場傳奇

■李孟洲、梁寶華、王玉鳳

如果票選「一九九二年大陸第三產業十大新聞」，那麼，北京市東安集團和香港新鴻基集團的合資案肯定會擠進排行榜。

東安集團是以北京王府井大街「東安市場」為基礎發展起來的企業集團。講「東安市場」，台灣客可能比較陌生，若提「東來順涮羊肉」，大夥就容易明白了。「東安市場」就和「東來順」連成一片，都是東安集團的成員。

而東安集團和香港新鴻基的合資案，標的物就是這一片。他們準備聯手投注三億美元的資金或資產，把王府井大街的這塊「黃金地面」，改建成巨大的綜合性商業大樓，包括百貨賣場、餐廳、娛樂場、寫字樓等。這件合資案，將改變王府井大街的面貌，也可能改寫王府井大街的生意經。

最近本報和北京中華工商時報聯合採訪東安集團。該集團總經理于瑢在「東來順」開了一個大單間作為訪談場所；賓主隨便散坐，開頭沒有什麼官式客套，一下子就擺起龍門陣來。「于老闆」以大嗓門搭配豐富的肢體語言，把東安集團的成就和未來的雄心壯志描繪得淋漓盡致。

于璐剛在去年年尾和新鴻基簽下合資合同，他的意興風發是可想而知的。而他提出的經營成果或發展計劃數字，就這個扼守黃金地段的商業集團而言，也不令人覺得特別驚奇。

最引起我們注意的是，他對台灣商界表現了高度的合作意願和企圖心，而且他並不止於唱一些抽象的觀念，而是千方百計找門路，表現出了「行動家」的形象。例如，我們才剛碰面，他就忙著探問：「你們認識台商×××嗎？這兩天我去香港，準備和他談談到北京開台灣商品專賣店的事呢！」

除此之外，他還想在台北開設東安集團的分店，甚至已想到，透過港商輾轉進軍台灣的辦法。

于璐像極了北京商業界的「台辦主任」，說起台灣，興致勃勃，點子特多。似乎，將來改建完成後的東安市場新大樓，有可能成為台灣服務業業者在北京的經營重鎮。

亞洲最大商城

在北京王府井大街東安市場的現址上，即將動工興建起一座成片的、現代的商業城；東安集團總經理于瑢，用他沙啞渾厚的嗓音拍著胸脯告訴往訪的本報記者，未來這個現代化國際型的商場興建完成後，「將是大陸第一大、亞洲第一大的大商場」，于瑢意猶未盡的表示，也有人說可能是世界第一；「世界我没跑遍，是不是世界最大，我不敢說，但大陸第一大，亞洲第一大没問題，可以報導出去，我有把握」。

這個經于瑢拍胸脯保證為未來「亞洲第一」的大商場，正是東安集團新近和香港新鴻基集團簽訂合資金額高達三億美元，每平方米土地作價二・九萬元人民幣「天價」的東安市場翻建案。

「商業合資」在大陸經改過程中，一直是一個禁制區，向來不准外商碰觸；但自去年初鄧小平南巡後，中共中央領導階層便有定點開放的構想。而王府井大街，正是北京市當局進行商業合資的試點所在地。

于瑢表示，去年（一九九二）初他原有意募集一億元人民幣，先行改造東安市場一部份時，中共國務院副總理朱鎔基曾經問他，東安市場全面改造需要多少錢？當時于瑢估計說，約需七百億元人民幣：不過于瑢隨即無奈的表示，在不允許中外合資的情形下，資金募集有困難。

朱鎔基當下即表示，「可以嘗試一下中外合資，就由你這兒突破嘛！」于璐回憶說，朱鎔基說這些話的時候，「北京市長陳希同和副市長張百發都在場」；之後，于璐便在三月十一日彙報商業合資計畫，中共中央更迅速的在七天後，也就是三月十八日就批准這個商業合資計劃。

于璐自豪的說，國務院批准東安市場這個商業合資案，「比上海八百伴還早」。

而香港新鴻基集團早在中共國務院批准東安市場進行商業合資試點之前，即已向北京市政府表達過合作意願；該集團並在一九九三年三月十八日和東安集團于璐接洽。于璐表示，事後才曉得那天恰好是國務院核准東安進行商業合資試點的日子，雙方隨即於三月廿四日簽下合作意願書。

新鴻基與東安集團在短短六天的接洽中，就簽下這個金額龐大的案子，頗令人訝異新鴻基決策之快速。但于璐認為，新鴻基早已有過評估調查，事前也表達過和北京合作的意願，因此于璐對新鴻基如此快速的決定，並不意外。

之後，雙方進一步在六月十八日簽定協議書，初時協議合資金額二·五億美元，最後以三億美元合資定案，計劃把東安市場改建為建築面積十五萬平方尺，多功能的綜合商業樓群。

于瑢介紹說，新建的東安商城將有四個部份，包括：

㈠商業購物中心：這部分營業面積相當於四個燕莎友誼商城，計八萬多平方米。

㈡餐飲區：計劃需有十三、四個特賣餐館，包括中國八大菜系、北京的烤鴨、涮羊肉、及西式、歐式、日式、法式餐館。

㈢娛樂場所：三座上演戲曲、電影及傳統技藝的電影院、劇場。

㈣辦公大樓：諸如外國商社均可租用的辦公樓房。

于瑢表示，和新鴻基的談判，一直很順利，中共中央各階層領導也很支持，像朱鎔基、鄒家華、田紀雲三個副總理都聽過相關的談判進度匯報；中共總書記江澤民也接見了新鴻基集團負責人。于瑢最後在去年（一九九二）十一月十八日和香港新鴻基正式簽下合同，並將在今年正式開工興建。

于瑢表示，新建的東安商場，佔地面積二萬平方米，未來可和故宮景致相結合，成為王府井大街的新地標。

東安也想來台灣開個店

在本報記者走訪的北京大商場負責人中，特別強調與台商關係的就是東安集團總經理于瑢。近幾年每年幾乎都有幾十家的台灣企業和東安集團接觸，探求合作的可能，關於這一點，于瑢豪氣十足地對記者說：「你們可以向台灣同胞報導說，本經理很希望和台灣工商界合作，我跟台灣朋友見面很多了，聯繫得很厲害啦！」

于瑢舉例說，台商如果真有誠意，合作的形式好談，他說，「台灣商人林先生，他的公司並不太大，他想在大陸和我搞一個『台灣時裝公司』，地點就在北京，商品包括鞋、帽、衣服。另外我們還要在北京建鞋廠，再搞一個服裝廠，產品不但可以在北京賣，還可以出口。」這個協議基本已達成，于瑢表示，東安集團雖是以東安商場為主幹起家的，但是也希望在出售商品外，發展出製造業，這是一個企業多角化經營的理念，因而東安集團和台商合作的路子也較為寬闊。他並表示，原來有台商想到大陸開個台灣貨品商店，當時台灣當局不允許，雙方就没談成，不過這一兩年放寬了，可行性已大為提高。

在與台灣商界合作、交流上，于瑢有著較先進的觀念，他甚至提出了「到台灣開店」的想法：「我想到台灣去開一個店，可是台灣當局不允許我去，台灣不歡迎。我想我要到香港找一個合資者，就是第三者嘛！比方八百伴啦，和它合資一個公司，然後到台灣開分公司。」他並暗示目前已有港商針對此提議和他有過接觸，他們會再進一步商談，不過這計劃是否能在台灣落實，目前還難下定論。

另外東安集團轄下的東來順飯館，其涮羊肉是十分著名的，為此于璐並且想邀請台灣的東來順老闆來北京參觀，彼此互相了解一下，並洽商合作的可能性，于璐表現得十分積極：「我希望台灣也能吃到最美的涮羊肉。」當記者問到雙方交流多了，會不會產生東來順商標鬧雙包的問題，于璐大手一揮，說：「沒關係，咱們海峽兩岸好談，不計較這個，你台灣發展和我大陸發展是一樣的，和國外不一樣，不是日本、歐洲、美國。本來咱們是一家，暫時兩岸嘛；所以我和台灣同胞談得很遠、很多面。」在接受訪問時一直強調自己「是個小商人，但不是個體户」的于璐表明立場說：「三通是政府談的，我們不談這個，很複雜，我只管買賣。」

東安集團轄下的東安市場總經理趙志遠表示，雖然目前商場賣的台灣商品很少，但最近他們協助一個台商打開北京市場的例子可供參考；這位台商與東安市場共同主持一個展示活動，邀請了北京幾個大商場的人來參觀；商品是台灣製造、日本SONY提供技術的雷射影碟、唱機、音響類的高檔產品，各商場大多表示有興趣，就藉著與東安市場的合作展銷，輕易地在北京攻下了好幾個販售點。

對於未來的兩岸貨品流通，于瑢表現了高度的樂觀與興趣，且對目前台灣商品進口須繳高額進口稅的問題，據說和中共領導階層關係不錯的于瑢說：「台灣是國內，怎麼要進口稅？我已經和有關領導提，領導說可以考慮。我想台灣到大陸，大陸到台灣的貨品就象徵性收一點，不過如果美國人來對不起，按國際慣例收才行。我們是炎黃子孫，雙方應該降低關稅。」如果雙方關稅能如于瑢期望般地大幅降低，台灣、大陸的商品往來無可避免地越來越頻繁；也許，在不久的將來，不僅台商能在北京大開「台灣精品專賣店」，連「東安市場台北分店」的招牌，也將在台北街頭被樹立起來。

準備明年佔領北京

北京市四大商場集團：東安、西單、百貨大樓、友誼商店集團中；擁有最多商場、最具集團規模的「龍頭老大」，非東安集團莫屬。

談起東安集團組建的過程，集團總經理于瑢表示，當要組建集團的報告上達北京市政府後，當局十分重視，批文下來叫于瑢起草集團規章、計劃等，前後不到三個月，這個集團便真正地被批准成立了，這種兼併企業開拓發展的模式是時勢所趨。

于瑢稱東安集團是「企業自我發展型」（自發型），他說，「雖然當局支持成立集團，但並沒給我錢。」經過組建四年，自我發展，東安集團自一九八八年九月二十日成立之前只兼併聯合了九個企業，到如今，已成為在全大陸九個省市擁有七十多家企業的大型集團。光在北京，十八個區縣中有十三個區縣都有東安集團的企業，于瑢信心十足地說：「明年我肯定可以覆蓋全北京市，每個區縣都有我們的企業，把北京市全部佔領了。」

在東安集團的七十幾個企業中，行業比較多樣化，包括商業、飲食、食品加工、賓館旅遊、汽車出租、修理服務、工業生產、房地產開發、長安商場、雙安商場、東安飲食公司、稻香春食品公司、中安賓館、東安開發公司、東安服務公司、東安房地產開發經營公司、東安出租汽車公司、山東迎安商場、春安聯營公司。于瑢並且打趣說，「說不定過幾天又多跑出幾個新建企業，這數兒又不準了。」他表示，目前他們是以第三產業為主業，因為東安集團本就是在商場的基礎上組建起來的。

號稱擁有八千職工的東安集團，直接發工資的有六千名職工，不直接發工資的有二千人。一九九一年的稅利為五千五百二十六點九萬元（人民幣下同），營業額是六億五千二百七十萬元，估計一九九二年比九一年營業額增長二〇%，稅利增長二二%，于璐似乎還不太滿意這樣的增長率，他表示，九一年比九〇年營業額增長了三六·八五%，稅利增長了四一·一七%。成長率反而比目前還快一些。

現在看來東安集團中仍以核心企業——東安市場的營業額及收益最多，于璐希望東安市場能在西元二〇〇〇年時營業額達到七、八億元以上。一九〇三年興建，於一九六九年以二百餘萬元改建的東安市場九二年的營業額達近十億元，是目前集團內其他企業所望塵莫及的。于璐表示，東安集團除了以東安市場為骨幹，其他商場、企業也要發展出各自的風格與特色。

幾經蛻變與浩劫

東安市場始建於一九〇三年，也就是清光緒廿九年，這塊佔地卅畝位於王府井大街北邊的土地，原本是滿清八旗兵的習武場；當時慈禧太后為了整修東安門外的御道，遂找了這個習武場容納御道兩側的攤販；因為這座市場鄰近皇城東安門，而「場以地名」稱為東安市場。

東安市場開設之初，仍屬市集型態；從東安門外遷來的商販，大多是搭布棚擺地攤的經營方式，出售大眾化的京廣百貨、日用雜品，早晨出攤，過午收攤，各自經營，並無組織。

但因市場生意興隆，商販各自擴展，時有爭奪攤位而引發糾紛情事，遂有業者自發組織規劃市場；初時北起金魚胡同向南建立起一條街，成為東安市場主幹，正街兩側建起格局大體一致、每間約十平方米、前有廊簷、後有暗樓的舖面房；正街東側是東街，為飲食店攤；西街則直通王府井大街，並陸續出現古玩書畫市場；於是街巷縱橫、店攤交錯的東安市場規模大體建立。

之後東安市場歷經辛亥革命、抗日戰爭、中共建政、文革等時期，其間並慘遭兩次回祿、數番整修，但仍是北京人休閒購物的重心所在；「逛市場」成了老北京的一種生活樂趣。

東安市場在文革期間，一度更名為「東風市場」，意欲乘風破浪，有所作為，不料隨之而來的竟是一場浩劫；一時間，傳統的、具有特色的經營項目，都被扣上「封、資、修」的罪名；文革過後，人們終究不願再回首這段歷史，隨即再將「東風」之名改回東安市場。

上海四大新商圈

■王玉鳳

一九九三年三月十八日，台灣百貨業鉅子「中興百貨公司」隆重在上海市西面徐家匯商業中心區開幕，成為大陸首家台資百貨公司。

上海已成為百貨業的兵家必爭之地，然而，地點的選擇仍是台商最關注的課題。

目前上海的商業發展十分迅速，中共當局也表示了樂觀其成的態度，不僅上海已確定以「大商業、大市場、大流通」作為其第三產業發展的格局，更投入了大筆的經費從事商業設施的改建。目前其戰略即是在東、西、南、北各籌建商業中心，形成商圈。所謂的「四大商圈」指的是東邊的浦東張楊路商業購物中心，西邊的徐家匯商業中心，南邊的豫園商場，和北邊靠近火車站的新客站不夜城，而他有越來越多的外商企業發現未來上海的發展趨勢，而將總部投向這四個商圈，如已開業的中興百貨，即將開業的太平洋百貨位於投資商業中心，日本八百伴投資的百貨公司則位於浦東張楊路附近；這些台外商都是看準了上海新商圈的發展，而先行在這些上海未來的商業戰場上搶占一席之地。

上海現有最為人所知的購物中心是南京路、淮海路、四川路和豫園商場，歷史雖悠久，發展的腸地卻有限。隨著上海未來美好遠景的描繪，許多上海人也認為上海不能只有一條南京路出名而已，因此也支持這種從以往的「商街」型式；提昇為「商圈」格局的積極作法。而這也是上海為了成為一個國際性大都市；適應各種不同層次及需要的本地、外來顧客所作的一種「轉型」。

目前，投資地區正隨地鐵工程的進展逐為上海西區的商業中心，南京路東起外灘、西到静安寺的霓虹燈工程也已完工，南京路的改造計畫已有一半完成。在整個上海市，有越來越多的商場使用自動手扶梯及電子收銀機，而象徵現代消費意識的信用卡也在推廣中。上海的商業進步也表現在「百花」、「綠色食品」、「聯華超市」等連鎖超級商店的陸續開張，一些舊有的商店也改採開架式的「自選商店」型式重新改裝，吸引顧客。

除了商業硬體之外，在商品種類上，上海九三年以來，引進了許多產自日本、歐美等地的舶來品；在淮海路上，人們已經可以買到澳洲牛柳、鮑魚片、丹麥曲奇餅乾、義大利皮鞋、美國腰果、韓國女衫、日本魚翅等數十個國家及地區的各類貨品，上海商業界人士喜歡把這種情形誇稱為上海已經面向世界，事實上的確也有越來越多的世界著名的精品名店；如雨後春筍般在上海的大街上掛起了招牌。另外，隨著商業意識的進步，上海主要商業區商店的營業時間已延長到晚上十點，不再日一落山便早早打烊了。

另外，台資百貨公司在上海開業後，其所引進的一些促銷手法也勢必將給上海傳統商業帶來啟發與衝擊以甫開業的上海中興百貨為例，它在開業前便聯合上海計程車業者，在上海中興百貨為例，它在開業前便聯合上海計程車業者，在計程車上貼著「上海中興百貨，中興上海百貨。第一家引進台灣最先進商品、服務、管理理念的大型百貨」字樣的貼紙，這些計程車便成了中興百貨在上海各大街小巷的活動廣告。另外它還引進台灣百貨「小吃街」的型式，在百貨公司內設立「滬台美食街」，這些令上海市民耳目一新的作法，使上海市民逐漸比較台（外）資百貨公司與本地舊式百貨公司的優劣，後者的壓力與衝擊不言可喻。

新興各行各業

一哄而上的生意經

■陳絜吾

在廣土衆民的大陸，似乎事情總能風起雲湧地沸沸揚揚、快速推廣，一下子就是幾千萬人卯起來的大搞一場，大陸人總愛用「熱」來形容社會潮流目前最熱中的事物，而大陸民間目前最「熱」的是什麼?常看大陸報紙的人，不難看出大陸目前有十大熱：黃金熱、房地產熱、股票熱、文物挖掘拍賣熱、公司熱、轎車熱、摩托車熱、兼差熱、圈地熱、買賣户口熱，難怪大陸的經濟改革除了要防左以外，李鵬還再三警惕：要防熱。

買首飾「熱」到要排隊

没到大陸看看，實在很難想像在有些城市，黃金首飾居然「熱」到要排隊才能買到，在廣州市的北京路甚至可以看見小販或掛或戴，身上琳琅滿目的十幾條金項鍊，周圍則簇擁著一堆婦女在挑選，這些項鍊或真或假。在大陸黃金不但只許進不許出，賣金飾更得經過人民銀行批准，可想而知這些路邊的無照個體户所賣黃金來路不是很合法。

大陸人民目前相當恐懼通貨膨脹，人民幣去年（一九九二）年底就傳出和美元的匯率將跌至一比十以下，使得蒐購黃金的熱潮捲遍大陸各地。世界黃金協會統計，去年大陸從海外吸納了兩百多噸的黃金，居亞洲第二；香港略高於大陸十多噸，台灣進口黃金重量則居第三，但大陸吸納黃金的年成長率則遠高於港台二至三倍。除了港商謝瑞麟、福輝珠寶和周生生等將在大陸大張旗鼓的開連鎖店，其他腳步快的港台商人早就託旅行社帶貨進大陸，去年底還有報導顯示，台北的金飾業者甚至把黃金賣到烏魯木齊，可以想見港台進口的黃金在加工雕琢之後，也有不少進了大陸。

房地產熱度降不下去

除了黃金之外，香港人對大陸的房地產熱也功不可沒。去年大陸有五萬多個外銷居住單位在香港銷售，北京和深圳、廣州、上海這些城市的地王地段每平方呎叫價一兩萬港幣，相當每坪十幾二十萬，大陸的房地產熱到連東北、四川、湘鄂這些和香港沒有地緣關係的地方也熱呼呼地趕著蓋房子賣給香港人，大陸在鄧小平南巡之後，一年不到竟成了移民的好地點，到處在蓋別墅、度假村和公寓、大廈，地價炒到一個大陸工人不吃不喝地存五十八年的錢，才能脱離無殼蝸牛族。

房地產實在熱炒到不像話的程度了，中共官方今年開始在立法和城市規劃上開始整頓，香港的業者也認為大陸房地產今年降温了，步入消退期了；但是大陸的地方性房地產開發公司今年改推出店面，因為中共今年會大為放寬外商經營零售業的限制；上海則有一些房地產公司開始在香港賣便宜多了的內銷房，據説有人頭供應，歡迎志在炒做的買家入主這種產權易生糾紛的標的物。

爲了股票丟了烏紗帽

説到人頭，去年八月十日大陸就有一樁由八十多萬名人頭搞出來的暴動，不但震驚世界蔚為奇觀，還震動了中共國務院，使得當地的父母官下台，這就是大陸的股民到處找人頭代購認股票表格所引發的深圳八一〇暴動，八十多萬人在幾天之內湧進深圳，並在搶購認購表格時釀成死傷和動亂，這可算是大陸股票熱的代表作。

中共國務院立刻把市長鄭良玉拉下台，大陸股市跟著市況冷落、交投清淡了一陣子，但是農曆年以後大陸股市一週內又大漲了四分之一。因為年前各國營企業又有振興股市的動作，就是向國務院申請同時在香港或深圳、上海上市，除了瀋陽金盃汽車獨樹一格在紐約上市，青島啤酒等九家國營企業已趕上第一批審核，接下來昆明百貨等N家中共國營企業也要爭取。台灣的股市以基金增加人氣，大陸的股市則向世界招手，歡迎全球玩家一搏。

挖古墓一夜成萬元戶

靠黃金股票房地產發財都需要本錢，更需要等待它們增值的時間。但現在大陸民間還真的有不要本錢而一夕暴富的方法，所謂「要致富，挖古墓，一夜能成萬元户」。去年北京、西安、深圳等地都舉行了文物拍賣會，許多出土的、家傳的、地方政府擁有的（可能是文革時候抄家搜刮而留下來的）古董大賣大賺，於是大陸官方和民間卯足了勁上山下海、大挖大撈，古都所在的陝西、河北、遼寧一帶的渤海灣，乃至絲路一帶的新疆甘肅都成了文物大省。

依照中共文物保護法定義，文物就是清朝乾隆六十年（一七九五年）以前的古董，禁止賣出大陸以外地區，內銷也只有部分開放，但是民間傳世的文物則可以進入市場流通。在中共文物保護法的規定下，合法的古董拍賣會上所出現的貨色絕大多數是十九世紀以後的次貨，真正唐、宋、明朝文物鼎盛時期的好東西，在出土或盜掘出來以後，都秘而不宣地在某些圈子裏流傳消息或買賣，筆者的大學同學蔡新旺在廣東惠陽管理一家塑膠射出廠，就曾經付出八百人民幣，只為一睹一顆在廣西出土的碩大夜明珠，這還只是看貨的收費，這顆夜明珠索價四十萬人民幣。當年挖出秦俑的那個陝西農民現在一定很懊惱，因為不久前日本人出價一億美元想買一個完整的秦俑。

大陸的土地真的是財富之母，西北內地的人在土地上探勘挖掘，可能有挖出寶藏而致富的機會；沿海各地經濟發達的地方，在土地上勘察挖掘則為了蓋大樓開公司經商賺錢。據中共「國家工商統計局」公佈資料，至去年底為止大陸已經有四十八萬六千七百家公司，比前年增加了八十八・六%；中共國家工商行政管理局長劉敏學則表示，如果連各公司的分支機構都算進去，大陸目前應有九十五萬家公司左右。開公司可以成為流行熱潮，可能僅見於大陸了。

北大、交大的教授有了新發明，離開學校開公司；長春一名女工發明新型蓄電池得到專利並獲獎，竟然也在美國和大陸開了跨國公司；香港新華社台灣事務部長黃文放也離職經商做投資顧問……，如果再看到大陸去年底登記有案的個體户已經增加到一千五百萬户，就知道大陸的人有多愛做生意了。

下海經商引發轎車熱

劉敏學指出，大陸目前這一輪公司熱所成立的林林總總各類公司，多數是各國營企業另行興辦的，要不就是政府機構中的官員就其主管業務之便，離職大展鴻圖（或大撈一筆），大陸各地方官員目前也和台灣一樣——辭職成風。中共副總理朱鎔基就説過，大陸官員這種下海經商的風氣，有很嚴重的「以權經商」歪風。而中共國營企業這種創業的熱潮，更帶來了大陸一發不可收拾的轎車熱。

這些新辦的公司有不少是第三產業，每成立一家就有一次藉口要買公家用的轎車，去年前九個月，大陸國營企業光是買車就花了一百億左右的人民幣，一輛標緻汽車賣十九萬人民幣，比法國貴一倍多也照買不誤，中共國務院「控制社會集團購買力辦公室」，指責這些國營企業花公家的錢絕不心疼。大陸生產和進口的轎車有八成以上被這些公司買走，這些國營公司不但自己申請買車，還佔用三資企業的進口車配額，國營公司買車熱更對一些先致富的大陸個人造成消費的示範效果。

香港文匯報指出，私人轎車熱將把大陸這一波消費浪潮推向頂峰，以往買彩電、冰箱、洗衣機都已經不夠看，現在大陸的較富裕階層，也就是年收入在三萬人民幣以上的四百三十多萬户人口，尤其是當中的青年和中年人買車慾望特強。他們存錢為了要買一部和國家幹部或外資企業老板一樣的車，所以我們看到原先在大陸配屬高幹的奧迪轎車愈來愈普遍，福建一些和台商做生意的大陸人特別鍾愛賓士車。文匯報末了指出，目前大陸富裕家庭的數量就已經相當於一個歐洲中型國家的總人口。無怪世界大車廠都看好大陸市場。

在大陸有大錢的人買轎車，有小錢的買摩托車，日本商人對這一點最早察覺，目前日本十一家轎車和重車廠每一家在大陸都有投資或技術合作，而大陸的摩托車大廠如嘉陵本田、黃河川崎、五羊本田、幸福、南方雅瑪哈，全部和日本合作生產。大陸現在有十七條摩托車生產線，去年產量成長了六成，明年的產量更將達兩百萬輛，累積到一九九五年大陸將有一千萬輛摩托車，廣州南方日報的分析指出，大陸摩托車普及率成長速度比當年的冰箱還快。

去年初和今年去過大陸的人可以很深刻地感覺到，大陸的摩托車熱似乎是一年間就熱火朝天，尤其在各大城市發展更快，摩托車成了野鷄計程車，乘載雙方議好價碼就上路，上海的載客摩托車還能開發票。一向不鼓勵摩托車發展的中共，現在更是限制，北京不准摩托車進入市區三環路以內，上海和杭州則嚴格限制摩托車牌照，廣州則只有〇一車號的摩托車可進入市區，看來摩托車熱勢必將轉進大陸農村和內地。

利字當頭刮起兼差風

大陸人熱中的消費品愈來愈貴，想要儘快存夠錢，最好是開源又節流，於是越是都市的上班族，兼差風越兇。廣州市商品局長歐陽贊表示，官方統計該市職工每人年均收入四千三百元人民幣，如果把兼職收入或其他收入算進去，年均收入將達七千三百人民幣；中共官方對國營企業員工在外兼職加以取締，後來實在情況太普遍了，只好睜一眼閉一眼，如今上海市黃浦區甚至還為兼差族發執照，稱為「科技臨時經營執照」，北京市工商局也對營業項目和時間不確定的第二職業者，核發臨時執照和經營許可證。同樣的情形在南京、天津乃至內地的湖北都有報導，兼差熱可見一斑。

都市職工有差可兼，有外快，相形之下大陸農民就很倒楣，農民隨便到城裏打工會被視為盲流而遭取締，而大陸各地方政府為了吸引投資，更是動不動就圈出一塊地皮，搞一塊「開發區」使得農民田地被佔。中共副總理朱鎔基斥責各地方政府這種圈地熱簡直是胡來，到去年六月底止，大陸的國家級、省級、鄉級，甚至村級的各種開發區竟有兩千多個，單是海南就有一〇四個，這還不包括大陸企業自己買一塊地搞出來的開發區。地方政府把地皮征收進來，略事平整之後就開始招商，除了賣地賺錢，投資者在簽訂意向書和訂約之前，為取得特別優惠待遇更不知為地方官員帶來多少好處。

圈地招商肥了地方官

圈一塊地，除了能讓地方官員用地皮入股，和外商搞合資企業，地方官還可以買賣户口發財。文匯報從北京報導一則消息，去年下半年開始，大陸各地在圈地大搞開發區的同時，還興起了「買賣户口熱」，在山東的行情是：職業由農業轉非農業人口，每人交八千至一萬人民幣；農村來的臨時工轉成和地方政府簽長約的合同工，每人六千元。

大陸的經濟改革在去年春天鄧小平南巡之後，熱勁十足地搞了一年，到今年春天診斷一下，卻也出現了十種熱症狀普遍地在大陸發燒，而蓄勢待發的「熱」也在躍躍然動，各省又有卯起來蓋飛機場、蓋高速公路的跡象，地方企業則開始爭取被外商購併，以因應加入關貿總協定的衝擊。大陸的經濟到底有沒有呈現過熱，似乎不需要大陸的經濟專家或中共總理級人物來證實，就好像感冒多半不必篩檢濾過性病毒，我們看症狀就可知其梗概了。

九〇年代的八大行業

■張瑞賓

九〇年代到大陸經商，做那些生意最好賺錢？行家認為，情感商品、心理醫生、娛樂業、旅遊業、律師業、教育事業、汽車出租業、及與電腦信息相關行業等八大行業，應是九〇年代大陸最可能賺錢的八大行業。

首先，就情感商品的日益暢銷來說；據香港星島日報分析，市場經濟的持續發展，使大陸地區的現代化程度提高，人們用於交流的時間已經越來越少；因此，愈來愈多孤獨寂寞的大陸民衆，只好將此種落寞的情緒，寄託或激發到花、鳥、蟲、魚等飾物和寵物的身上，並因而激起大陸的寵物與飾物熱。

孤獨寂寞、生活節奏及競爭情勢的逐漸加劇更導致不少大陸人民身心失衡，於是，從事心理諮詢、精神分析、健康諮詢的醫生也大量增加，並十分走俏。

大玩大樂大衆追求對象

此外，香港星島日報指出，隨著所得水平的逐漸拉高，大陸人民已經不再滿足於上班、回家、上班三點一線的生活，因此，「如何大玩大樂？」也成為大陸人民十分熱中的話題，在這種情況下，眼下卡拉ＯＫ、ＫＴＶ、酒家、舞廳等娛樂事業的走紅大陸，也就不足為奇。同時，隨著大陸娛樂業的逐步走向多樣化、普及化和高消費化，投資大陸搞娛樂業，也應該很有賺頭。

受到國際流行風氣的影響，大陸也有一些公司行號開始實行五天工作制，從而使大陸民衆有更多時間，外出旅遊；因此，據香港星島日報分析，目前大陸的旅遊勝地、度假村、和快餐業等旅遊相關行業，正如雨後春筍般紛紛設立，投資此一市場的前景，也頗為看好。

信息、教育未來最看好

香港星島日報報導，目前大陸信息業的發展水準很低，遠遠無法滿足市場的需要；因此，短時間內，不管是要在大陸開辦諮詢公司、信息公司、還是從事信息採集、分析預測、數據處理、硬件銷售與維修、或是軟件開發等行業，前景都十分看好。

市場經濟的列車不僅刺激了大陸信息業的發展，也帶動了律師業的起飛；近來中共當局已經決定逐步減少政府對經濟的直接干預，因此，很多涉外經濟案件、或是私人間的糾紛，都將透過律師來處理，此必將使大陸的律師業更加走紅，尤其是那些能用流利外語進行工作的律師，將很快進入高薪階層。

經濟的加速流通，也必將加大汽車業的發展，雖然目前大陸城市中小型出租車，已經為數可觀，但將來應該還會有更多投資者加入買車，大搞汽車出租業的行業。

「望子成龍、望女成鳳」，大陸人在這一波市場經濟的洪流當中，誕生了不少新富豪，而這些富豪們為了子女能受到好教育，很捨得花錢，因此，香港星島日報建議，目前若能到大陸興辦收費高昂的私立「貴族」學校，收入可觀。

此外，在未來的一段時間內，投資大陸的職業教育、繼續教育（特別是可應用為第二職業技能的教育），和專門為高、中收入家庭子女服務的教育，因為市場的需求量很大，因此，投資報酬率應該也會很高。

上海洗澡風尚復熾

■史維

大陸各地正在興辦第三產業，台商往往熱中於開餐廳，建娛樂場所如卡拉OK、KTV等夜總會，殊不知還有一項獲利頗豐的行業——豪華浴池業。

請客洗澡代替請吃飯

大陸不少城市中有百分之四十左右居民和百分之九十以上的個體戶和流動人員要在公共浴池洗澡，但許多地方浴池少，設備陳舊，衛生條件差，浴池業處於萎縮狀態。改革開放市場經濟的發展，飲茶泡浴成了生意人的聚晤場所，浴池業始有重振旗鼓良機。起源於日本的請客洗澡，也開始進入大陸商業圈。

今年（一九九三）年初在上海大世界附近的芬蘭浴室發生這樣一件事：一位手頭闊綽的私營業主，扔下人民幣三千元支票給財務，說：「以後我請客，客户都到這兒洗澡。」一位做服裝生意的女老板也有同感。她說：「平時請客吃飯，廣幫、川幫、生猛海鮮、潮州菜，吃膩了不說，吃得大家體態個個變形，請客洗桑拿浴，一方面可減肥，另一方面檔次也不低。」另一名鄉鎮企業經理認為，洗澡才是真正請客——請客休息。他認為請客吃飯很累，飯桌上不能冷冷清清，你一言我一語，看上去很熱鬧，私下大家神經都很緊張，一個多小時吃下來，倦怠感油然而起。相反，洗澡卻能讓身心達到最大程度的鬆弛，客人滿意自己也省心。

豪華浴各種花樣可多

一位新加坡華人到上海後，第一件事就是要「的士」直奔卡德池「孵混堂」。卡德池創建於一九三二年，是上海最早最大的浴室，當時與浴德池並稱上海灘上兩大浴池，老板謝葆生拜黃金榮、杜月笙為師，黃杜常來此沐浴扦腳。當時樓上的「別有洞天」是軍界頭面人物的沐浴包廂；「消遙廳」為銀行界老板常光顧的高檔浴廳；「安樂廳」則是商界人士洗澡談生意的地方。此外，還有「同樂廳」、「共和廳」等。如今這些廳都已恢復原名，舊貌換了新顏。除傳統的大池、盆浴、蓮蓬頭外，又新闢了桑拿浴、芬蘭浴、漩渦溫水浴和按摩盆浴等。另有香水浴、牛奶浴、泡沫浴、水針刺浴等特色浴種，如香水浴根據浴客需要，在浴缸裏添加蘋果香、柑橘香、下玫瑰香、茉莉香以及國際型芬芳香香水，洗後滿身噴香，新郎新婚尤為喜愛。牛奶浴是按照浴客皮膚，如乾性皮膚者，洗「油質牛奶浴」，浴後皮膚油滑舒爽，無乾燥之感；油性皮膚者，洗「水質牛奶浴」，浴後皮膚更加細嫩柔滑。「牛奶」是化妝品廠生產的一種特殊牛奶添加劑，倒入浴缸，溫水即成奶白湯，洗一次香味能保持一、二天，也是一種享受。現在來卡德池洗牛奶浴的台港澳浴客每月千餘人，每位付費人民幣五十元左右。

上海新亞集團屬下的芬蘭浴浴客休息室內，有美容小姐供男性浴客點名服務，但她們服務僅限肩膀以上，包括頭部按摩，如為男浴客臉上敷抹面膏、磨面等，至於下面的按摩則另由男性按摩師完成。據台灣浴客評價：「已夠得上三溫暖級別」。

除按摩外，各浴池還堅持傳統的扦腳、擦背、敲腿、推拿、理髮、修面服務，還有隨點隨燒的小吃送上座位，以及擦皮鞋、洗燙快衣等為浴客提供方便。卡德池並特設腳病門診，由具有五十餘年經驗的修腳大師主持，對爛腳趾、肉泡甲、腳疔、骨刺、雞眼等十餘種疾患一刀下去便見效。

浴池收費大體是：洗澡基本消費約人民幣八十元，修面、頭部按摩二十元，漂面八元，磨面十五元，推拿二十元，中草藥護膚十五元，修指甲十五元，挖耳朵十五元，扦腳六元，刮腳十元。行情看漲，至於美容小姐和按摩師的小費則由浴客自行定奪。

投資不多獲利不菲

豪華浴池在大陸剛起步，偌大的上海也僅六家，正在興建的近二十家，其他城市更是寥寥，大部份是一片空白。業者稱豪華浴消耗的無非是水，還有一些低質易耗品如毛巾、肥皂之類，而是以環境、衛生、服務取勝，投資不多，獲利不菲。有一外商見確有利可圖，願出資人民幣四百萬元欲與上海一家浴池中外合資。台商是否想到這一賺錢的契機？

台灣電話機大顯身手

■史維

電話，這一個以往大陸一般家庭不可企及的消費品，如今正以不可遏制的勢頭迅速進入尋常百姓家，其速度已不亞於當初彩電的消費勢頭。

住宅電話是90年代消費熱點

電話，成了大陸九十年代家庭消費的又一大件。專家預測，在今後一段時期內，社會消費在家用電器逐漸飽和後，住宅電話將成為消費者看好的一大熱點。市場這一轉換在沿海尤為明顯。廣州、深圳的私人電話數已超過公務電話，福建石獅的私人住宅電話竟佔電話總數的百分之八十六。上海十年前每百名用户中，住宅電話用户僅占百分之四，如今也上升到百分之五十二，到二〇〇〇年，上海力爭實現平均每户一部電話。據不完全統計，一九八〇年底，大陸住宅電話總數不足萬户，約佔當年用户總數的百分之零點零五左右；而八年後，大陸城鄉住宅電話已突破五十萬户，其中城市約四十萬户，約佔用户總數的百分之十一。到一九九一年底，住宅電話佔大陸市話用户的比例已達百之三十點三。去年（一九九二）上海住宅電話的比例為百分之五十八點七七。

電話普及率是衛量社會經濟發展水準的一項重要指標。八十年代，大陸電話普及率為百分之零點三四，一九九一年達到百分之一點二九，預計到二〇〇〇年可望達到百分之三，僅相當於一九八八年亞洲平均水準，與發達國家的電話普及率大於百分之四十相比，差距甚大。

近年大陸市場經濟的發展，電話的經濟含量增加，縮短信息交換時間的呼聲日高，人們也越來越離不開電話。據調查，當前大陸城市電話申請户中，家庭住宅電話佔百分之五十以上，其中北京為百分之六十，上海為百分之八十，廣東為百分之九十。以上海為例，現在平均每天申請裝電話的達一千至二千户，最高一週平均每天達四千三百多户。至一九九一年底，大陸電話待裝户已達一百萬左右。鄧小平南巡後，這一趨勢發展更快，儘管一些城市私人住宅電話的初裝費用幾乎等於一個普通工人兩年工資加獎金的總和，但欲裝電話還得「開後門」托人情和送禮。待裝户中大多數是工薪階層和經商人員。業者預測，到二〇〇〇年，大陸電話至少要達到七千萬台，才能基本適應當時社會的經濟發展。

電話機市場大有可爲

由此帶來了電話機經營業的大發展。時下大陸各大城市經營電話機的商店比比皆是，不僅百貨商場，家電商店，有的地方連小雜貨舖內也擺著幾台電話機待售。

上海膠州路上有家「電話機世界」，年銷售量達二十萬台，年利潤人民幣百萬元以上，它供應一百二十多種電話機，按品種分有適應偏僻農村或野外勘探作業用的磁石電話機，有僅可接收、不可打出的適於工廠車間、促密室用的共用電話機，有功能較全、式樣美觀、具有現代氣派的新穎電話機，如按鍵電話機、錄音電話機、集團電話機、一帶三母子電話機，還有適應不同場合，不同對象需要的牆桌兩用電話機，夜光電話機、盲人電話機等。從功能來說，一般都具有儲存、重撥、免提揚聲等功能，有的還具有帶鑽、液晶顯示遙控錄音、音樂鈴聲、計時、定時、鳴響等特殊功能。

台灣電話機獨樹一幟

衆多電話機中，魚目混珠現象十分嚴重，據大陸電話機質量監督檢查中心最近對上海、北京、廣州、深圳等城市二十一個經銷點的四十一種電話機進行抽查，發現市場上電話機合格率僅達百分之二點四，有些電話機竟是無廠家、無產地、無型號、無標誌、無說明書的「五無」產品。一些外表漂亮的進口和外轉內銷的電話機，內部主要元件的品質和檔次都很低，常有用戶退貨投訴。

台商瞄準大陸電話機市場，正在大展鴻圖在百餘種形形色色的電話機中，台灣天生贏家公司生產的新穎語音電腦電話機在大陸市場上已獨樹一幟。這種採用德國最新科技電腦語言分辨集成電路，能聽懂並記住主人的語音的電話機。人稱「你說名字它撥號」，較有記憶撥號功能的電話機更為先進，在上海市第一百貨商店、華聯商廈和電子商廈等處上櫃供應，令人耳目一新，台灣天生贏家公司已在上海成立了合資企業上海愛迪爾五金電器有限公司，進一步拓展大陸市場。

另一家台灣西陵關係企業進駐廣東惠州的廣陸公司生產的電話機，也在上海、潘陽、武漢、廣州等十五個城市設立了行銷據點。西陵按鍵普通電話機每台售價人民幣百餘元，正適合大陸民衆之消費水準，已深入普通居民家庭，如今，上海市場一些店內的台灣電話機幾乎佔了一半，僅西陵一家品種多達十餘種，價格從人民幣一百多元至六、七百元不等。此外，還有一種標著「真正產自台灣」的馬可波羅牌的電話機，也頗受顧客青睞。

大陸市場經濟的發展，必將推動電信事業，台灣業者正是大顯身手的時候，西陵已計劃在上海、長沙、深圳和武漢再設廠。

出版發行一級發財路

■陳絜吾

在台灣，有種說法是：如果要害一個人，就讓他去搞出版、當主編；在大陸卻是；如果想一次搞個二十、三十萬人民幣，他可以去搞出版、當主編。

與出版沾上邊就可發財

這可不是蓋的，以前在大陸遼寧人民出版社任職的李凡，現在是台灣五南出版社在大陸所設前哨站、亞洲資訊開發公司的負責人。他表示，台灣一塊蕞爾之地，出版社多達三千家，然而大陸偌大面積、十億讀者所構成的中文書市場，有資格搞出版品的單位才五百多家，和出版有關的每一個環節、出版社、組稿人、批發商、零售攤，似乎除了作者之外，都是高收入的階級。

大陸出版社的新書如果是透過新華書店總店發行的，稱為一級發行，中共新華書店擁有全世界最大的書籍銷售通路，缺點是對市場的反應太慢，一版暢銷，二版也得等半年才能出現。最近幾年中共把出新書的權力放給出版社之後，大陸各省的出版社乾脆自己辦理新書發行，稱之為二級發行。

中共中國圖書進出口總公司商情研究室主任朱福錚表示，雖說是出版社自己搞發行，但任何一本新書問世，總是有不對讀者胃口的風險。幾年下來這些出版社發現大陸想搞出版的人還真不少，但都苦於在中共對新聞、出版事業的管制之下，拿不到新書出版的憑證，也就是書號（類似台灣圖書的ＩＳＢＮ），這些出版社的編輯先生們更發現光是靠賣書號就可以達成上頭所規定的利潤，根本不必費心編輯書籍。

賣書號賺大錢

朱福錚表示，大陸出版社也搞承包制，一般行情是，編輯群每年上繳二十萬人民幣新書利潤，其餘歸編輯群所有，結果是編輯把書號賣給想出書的個人，把出書的業務又給轉包出去，書號一本行情在五千、八千之譜，邊疆、內陸地區如黑龍江，有六本一萬五千人民幣的便宜書號可買，但，要是出版社知道出書人的新書搶手，好比目前大陸盛行的人體畫册（就是裸體照片寫真集），有時一個書號會敲詐個三、四萬人民幣。

於是，大陸有些出版社編輯一年只要賣三十、四十個書號就夠本，賣出五十個書號，社裏每個編輯都成了萬元户。他們的風險不在於發行一本滯銷書，最大的風險是把書號賣給一本禁書，在大陸賣黃色書刊搞得不好會被槍斃。

向出版社買書號的大部分是批發商，他們多半以個體户書店或是鄉鎮集體企業的名義，向該省新聞出版局註册，甚至於這些批發商根本没有店面。朱福錚表示，這些批發商的第一筆投資是花錢買正片，印製有明星、風景或毛澤東像的掛曆，由於大陸市場太大了，這些掛曆一次就印四十、五十萬份，而純利竟然達三十萬人民幣。靠掛曆發跡之後，批發商憑著多年來對大陸讀者的口味拿捏，買下書號後，專找賣錢的書大量發行。

人物、休閒、裸照最暢銷

大陸目前的暢銷書類，不是我們在新華書店裏看到的《股票買賣實務》、《機會或衝擊？中國恢復GATT締約國的影響》、《二千年大趨勢》，真正賣錢的書在地攤、路邊的書亭，根據筆者所接觸許多大陸出版界人士的看法，大概分三類：

第一類是記實文學，也就是人物傳記、稗官野史，像是美國歷年醜聞大全、毛澤東之子毛岸龍（已經被禁）。

第二類是休閒類，上海一位老報人趙正達形容，這種書就是教人如何吃喝玩樂、搞花鳥蟲魚。

第三類美其名為人如何攝影、或是名家攝影集、甚至是夫妻恩愛讀物，說穿了就是裸女照片、春宮照片冊，由台灣書商引進，於六月在廣州展售的繁體字版本《金賽性學報告》，一套相當於大陸工人近一個月薪水，一天就銷售一空。

朱福錚表示，大陸的暢銷排行榜統計很慢，每年到了年中才開始統計，沒有當月或本週的暢銷書排行，由於大陸的書籍採取賣斷的方式進貨，因此中共新聞出版署只要去出版社裏查明每一個書號的訂貨量即可，銷售數字會刊登在來年的「新聞出版報」上。

由於是賣斷，所以大陸的個體户書攤或書亭，必須把讀者的胃口抓得很準，否則每一本賣不掉的書都是廢紙、賠錢貨，這種零售攤大部分是夫妻店，朱福錚調查北京書攤的結果發現，每天四十、五十本的銷售量，平均帶來淨收入在二百人民幣上下，絕對是高所得。

前述三類暢銷書嚴格來講，大部分是資料搜集、編纂，不能算是著作，以休閒類書籍而言，老報人身兼江蘇省企業研究會秘書長的趙正達，手底下組織了一群作家，能夠就各種蒔花種草、賞島玩狗的主題寫稿，由他主持、甚至掛名；亞洲資訊開發公司的負責人李凡，對於台灣書商想翻譯的各國外文著作，也能組織一群上海外語學院人才。還有廣告、掛曆或是攝影集所需要的照片，上海也有人組織了四十多個攝影家，可以極快的速度提供質優價廉的正片或翻拍，柯達軟片的廣告就是這麼拍成。

兩岸合作愈來愈熱絡

這種類似經紀人組稿者，就是大陸出版環節裏的另一種高所得者，，隨著兩岸出版界的合作日益頻繁，所合作出版的書籍大部分是大部頭的套書，這種組稿人更是走紅、變得搶手。

由一九九三年四月在杭州舉辦的國際合作出版洽談會看，這一年之間兩岸將可能有近兩百本書的合作出版，雖說大部分是台灣向大陸買版權，但據提供大會統計資料的李凡表示，大陸出版界向台灣買版權，合作在大陸出版新書的案例比往年多很多，台灣書眼看就要轉換為簡體字，大舉陳列在十億讀者面前了。李凡還對筆者表示，在大陸一本新書是以二十、甚至三十萬本才夠得上「暢銷」兩字。二級發行通路在大陸書市，就這麼自成體系地造就一本接一本的暢銷書，書籍商品化的程度被通路成員經營得比起台灣毫不遜色。

合資中藥廠榮景可期

■史維

合資開辦中藥廠，多年來在大陸一直是個限制項目，最近終被台商突破，台灣救心化學工廠股份有限公司與上海奉賢中藥飲片廠合資組建的「上海德華國藥製品有限公司」已宣告開業，合作生產國藥製品。衆多台商也瞄準中藥製藥行業，欲跨海登陸投資開發中醫藥。

中藥是國寶

中藥是我國特有的傳統醫藥，具有資源廣、療效高，副作用小等優點，是幾千年來先人經驗的結晶，很多好的中藥以祖傳方式流傳至今，為我國醫藥之瑰寶，已傳播到一百二十多個國家和地區，尤為台港澳病家喜愛。如世界上由風、寒、濕侵襲人體引起的關節炎、肩周炎，腰腿疼等痺症，發病比例相當高，有的地方高達百分之四十以上，用清代名醫「一枝劉」秘宗驗方結合現代科學研製成功的「三痺熱寶」等系列藥品，有效率高達百分之九十七。該藥遠銷日本、美國、法國等國家和地區，人稱是風寒濕痺之剋星。像這種外國人都十分欣賞的中醫藥，還有季德勝蛇藥、石筱山骨科膏藥膏丸等，療效顯著，藥價低廉，在病家心目中有很高信譽。

大陸中藥業發展緩慢

但是大陸中藥行業發展十分緩慢。目前雖有不下一萬種中草藥品種，號稱世界藥物資源大國，而各地中藥製藥廠的設施、技術、管理以及產品品質的控制手段和藥品內在品質分析方法，與國外一些先進製藥行業相比，都有很大差距。日本在中醫中藥的基礎理論和應用理論方面已花了很大力氣進行研究，他們宣稱將來要把中醫中藥改為東洋醫學。韓國和美國對中醫藥之研究也不遜色，大陸的中醫藥正面臨著強大的競爭對手。

本來引進外資，引進先進的設備和管理技術，以人之長補己之短，中藥行業正可振興。然而長期以來，因有關政策跟不上市場經濟形勢的發展，認為藥廠姓「中」，國寶需要保護，而不被允許合資。香港一位實業家，過去長年委託上海静安中藥廠加工中藥，對該廠中藥的品質和價格非常滿意，願出資提供設備扶助藥廠發展，日後用藥品補償其投資，這確是對雙方都有利的一個投資項目，但有關部門在政策上遇到了麻煩，以防止中藥成果流失，導致傳統秘方失密為由，好事就此夭折。

「中藥廠能不能中外合資」引起海內外關注，直到最近，主管部門終於醒悟改革開放不能説中醫中藥例外，方予開禁。台商抓住機遇躍躍欲試跨海謀求發展。

開禁正是台商的機遇

到大陸合資經營中藥行業，可以從一些容易開拓的途徑著手。首先要避開一些在國際市場上作為藥典來銷售的困難，利用已有中藥在保健食品中的作用，開發一些保健食品進入國際市場。中草藥是取材於自然界的天然產品，從這點出發，在今天人造產品氾濫的市場上有很大的吸引力，近年來利用中草藥製作的保健茶、減肥茶、苗條霜等產品風行一時，化妝品行業也可利用中草藥之優勢，開發許多新品種。當然更重要的是要應用中醫藥防病治病的悠久歷史，有系統的中藥理論和豐富的臨床經驗，從中藥寶庫中開發命中率高、周期短、費用低的新藥。多年來大陸中醫在治療腫瘤、中風、肝炎、糖尿病、流行性出血熱和愛滋病等病症方面已取得豐碩成果，再加上銷量大的一些傳統產品如祛痰靈、參貝北瓜膏、垂盆沖劑、首烏沖劑等，結合海峽兩岸的優勢，發展中藥產業，此刻正是良機。

郵市行情穩中透堅

■石安亭

被稱為第二股市的郵票市場，在大陸主要集中在北京、上海、成都、廣州和瀋陽五大集郵城，尤以上海郵市與股市最為密初。近一年多來，股市效應常決定上海郵價，也隨之影響到其他幾個郵市。如前年夏季，股市尚未放開，市民手中的閒散資處投放，就紛紛轉入郵市，加上一些炒股者在股市失利，被股票套住，想到郵市上來賺一筆填補股票的虧損，於是郵市瘋漲，郵價被炒得很高。去年上海股市放開，頓時興起「股票熱」，大量資金流出郵市，郵價驟降。

「大戶」操縱郵市已成歷史

前年（一九九一）盛暑上海郵市熱得燙手。來自北京、廣州、成都、鄭州、杭州等地的郵票商販，腰纏萬貫，把焦點對準百張一封封的小型張上。這些「大户」操縱下，一些小型張都以高出郵票公司牌價數倍或數十倍成交。如一九八〇年發行的面值一元的荷花小型張，郵票公司牌價六十五元，郵市上賣到三百元；一九七九年發行的面值二元的從小愛科學小型張，郵票公司牌價四百元，郵市上賣到一千二百五十元。即使一九九〇年才發行的面值一元的秦始皇陵銅車馬小型張也要賣到十二元。

那時，上海太原路郵市附近的賓館客房幾乎都為外地郵販包租，郵老板僱有「探子」，他們手持「大哥大」在市場內注意行情，隨時向老板報告，一宗最大的交易高達人民幣六十萬元。日本和台港郵商也委託大陸郵販入市收購，據説僅「文革」時的一枚面值八分的錯票「全國山河一片紅」就流出了二千張，開價高達六萬元，成交價也在三萬元以上。

如今，大陸居民投資目標已趨多元化，「大户」操縱郵市的風光已成歷史。

今年郵市更趨活躍

目前，大陸股市經過震盪，部份炒股大户已逐步認識股市的風險，相比之下炒郵保險系數較高，又將部份資金重入郵市，郵市從偏冷的情形中復甦郵價開始回升。

大陸郵界權威人士預測今年郵市會較穩定、更趨活躍。其最大依據是，目前大陸集郵人數只佔總人口的百分之零點六，遠遠低發達國家百分之十的比例，隨著經濟增長，集郵隊伍將越來越壯大，集郵熱只會持續，不會衰退。如一九六二年發行的發行量為二萬枚的梅蘭芳「貴妃醉酒」小型張，一直到一九六六年「文革」前，上海集郵公司櫃台上還未售完，而現在這面值三元的小型張，集郵公司牌價已達三千二百元，市場價六千元左右，拍賣行最高達七千二百元。連一九八八年發行的發行量為五百三十二萬枚的三國演義（第一組）「千里走單騎」小型張，三元面值市場價木已升至四十元。設在上海市郵票公司底層門市部的寄售業務，每月營收始終保持在六、七萬元，一些高品位的郵品，如標價一千一百元的第一輪生肖票猴方聯，標價八百八十元的一九六三年發行的黃山風景套票銷售一直很好。有些郵票的價格雖然比前年狂漲時下跌了一些，如前年六月才發行的面值五元的杜鵑花小型張，前年狂漲時最，價為二十六元，現在回歸至十五元，下跌了十一元，但現在的市價仍是面值的三倍，較實在。因此，目前收集大陸郵票正值時機。

假郵票案觸目驚心

大陸郵票受到海內外集郵者和郵商的青睞，但收藏者也要謹防假票，因為目前大陸郵市贗品日增，有關部門披露的假郵票案也確實觸目驚心。仍以一九八〇年二月發行的庚申年生肖猴票為例，面值只八分，但印量較少，設計精美，根根凸起挺立的茸毛透出靈氣，加上是大陸首次發行生肖系列郵票的第一枚，因此至今身價暴漲近三千倍。不法之徒覷著肥水可撈，便結夥幹起造假勾當。他們帶著上千張假四方連猴票，以低於市價為誘餌坑害集郵者，流竄杭州、上海、蘇州、南京、徐州、鄭州、瀋陽等地，頻繁交換作案地點。假猴票色澤暗淡、茸毛模糊、神情呆滯。這夥不法之徒被公安人員抓獲時，當場被搜出贓款近萬元，各種騙來的郵票一千二百多枚和未來得及拋出的三百六十四個方連假票。另外，如梅蘭芳舞台藝術小型張和關漢卿戲劇創作七百年小型張等名貴郵票，均有假造票，且已流至海外。台灣集郵家務必提高警惕。選購大陸郵票最好還是請當地集郵家做參謀，北京中國郵票總公司近期將開辦信託部，為海內外集郵者辦理代購等服務項目。

台灣手錶風靡大陸

■史維

台商到大陸攜帶的禮品中，手錶頗受歡迎。台灣石英錶款式新穎，對大陸同胞而言，不僅具實用性、紀念性，且富裝飾性。上海南京路一家鐘錶店的資深業務員說，本地商業部門似未正式進口台灣錶，街上衆多的台灣錶不知從何渠道而來，若台灣錶不斷湧入市場，將對本地同一檔次的手錶造成一定威脅。

台灣手錶頗受顧客青睞

眼下，台灣製造的石英手錶在上海售價約人民幣八十元至一百多元，多數擺在個體户開的禮品店出售。一種裝飾性強的鍍黃石英錶，使用一年鍍黃漸退，價格百元左右，能滿足趕時髦的年輕人常換常新，年年戴新錶的需求，頗受顧客青睞。而同等價格的上海產手錶，常被擱置在鐘錶店的櫃檯角落，受到冷落。

上海手錶業曾是地方政府財政收入的「搖錢樹」，據統計，三十七年間所創利稅相當於固定資產原值的二十八倍，近年來形勢急轉，不少企業微利虧損，產品積壓，而市場上到處是進口錶、組裝錶如「雷達」、「精工」、「雪鐵城」、「王霸」、「天王」等，其售價雖在千元以上，但銷勢不衰，而不到百元的上海錶，卻乏人問津，究其原因是這個等級的消費層次多半選購台港或廣東合資廠製造的石英錶，造成上海手錶業每下愈況，有些廠家的生產經營已到了難以為繼的地步。大陸手錶行業第一大廠，擁有五千四百餘名職工的上海手錶廠，現在僅三分之一職工生產手錶，人稱昔日之「搖錢樹」，今日竟成「苦菜花」。

大陸手錶市場前景看好

大陸手錶市場並非已達飽和。據統計，大陸城市戴表普及率雖已達百分之八十，但農村的戴表率僅百分之四十二。同時各地還有六千萬只手錶的使用期已超過十五年，急需更新。近年來，一部份城鄉收入較高的消費者，已不滿足於一人一表的傳統觀念，手錶也不是當作一般的記時物，而是作為一種飾品、禮品，對手錶的要求也從單一型轉向多款式、多品種、多層次。至於以中小學生為主要消費群的低檔手錶，市場前景更是看好。

本地手錶業不景氣，關鍵是廠家技術裝備條件落後，應變能力差，無法適應多品種、小批量、多層次的消費需求。如現代手錶生產的高效先進設備CAD／CAM，日本中型手錶廠每家都有幾十套，上海手表行業限於資金短缺，僅有一套此設備。在款式和外觀設計上，過去因受計劃經濟框架制約，大陸手表行業觀念滯後，未能通過外觀之總體開發，增加產品的技術和藝術含量，以提高產品的品位和附加值，而僅是運用數量上的優勢和降價競爭來爭奪市場。

台灣業主投資的新契機

面對進口表、組裝表步步進逼，本地表庫存大幅上升的局面，上海業者紛紛提出對策，其一是直接進口一部份高質量高品位的機芯和最新款式的外殼配套件，進行組裝，以國際化社會大生產的新觀念，走組裝、仿製、創新的道路，以最快速度、最經濟的辦法，把大陸手表的品位、檔次提高一層。

上海鐘表公司情報站負責人稱，近期可重點開發價格在人民幣一百元至二百元的連帶手表，使之在總產量中的比重達到百分之十五至二十。還可製造少量K金表和價格在千元左右的HTC手表，並以少年兒童為主要消費群，開發價格約三十元左右的一次性手表。這些都為台灣同業帶來了投資的新契機。

至於銷售情況，目前上海手表市場中檔手表最為行俏。據上海二十多家手表經銷單位的統計，去年（一九九二）十一、十二兩個月銷售的進口表，中檔表佔百分之九十五以上，其中「羅馬」、「特富意」、「樂都」三個牌號的手表就售出一萬二千塊。售價在人民幣二十五萬元左右的「勞力士」金表，亦為「大腕」們追逐的目標。只要適銷對路，這生意是有得做的。

裝飾裝潢業潛力無窮

■史維

台商密切關注著大陸的裝飾裝潢市場，最近多家裝飾裝潢公司派員探路。目前，港澳裝飾裝潢業已搶先一步，且看台商有何新的高招！

裝飾裝潢工程多多

據有關專家估計，大陸室內裝飾年工程量約人民幣一百七十億至二百億元。八十年代初期建造的一大批高檔賓館，經過十多年運作，絕大多數已進入更新換代時期，亟需大量高檔系列化的裝潢材料。為適應旅遊業的需要，近年內現有的二千多家涉外賓館飯店的三十萬套客房中有十七萬套要改造，另需新建四萬套，估計年裝飾工程價值為人民幣二十五億至三十億元。大陸公共建築年竣工面積五千萬平方公尺，如其中百分之十適當裝修，年裝飾費用即達人民幣二十五億元。大陸現有商業網點一百六十四萬個，每年若百分之十改造，約有人民幣上百億元的工程量。城市住宅每年新建三百萬套，約十六點五億平方公尺，其中如三分之二的家庭重新裝飾，約有人民幣八十億元的工程量。此外，城鎮居民七千萬户，農村建房達六十五億平方公尺，若每年有百分之十裝修，共計人民幣二百八十億元的工程量。以上海浦東新區為例，今年（一九九三）要花人民幣五億元用於高層建築的建造和裝飾，正在興建和今年上半年封頂的外省市駐滬商住大樓、物貿商廈、商品住宅樓等十多個項目，急需大批量的裝潢材料和裝飾商品。

銷量大、要貨急、標準高

去年（一九九二）下半年起，大陸室內裝飾裝潢市場熱銷勢頭不減，已出現多層次、配套化、連帶性的態勢，並有銷量大、要貨急、標準高的明顯特徵。據上海最大的裝潢市場——上海裝潢總匯的統計資料，去年銷售總額較上年上升百分之二十點一八，今年將繼續上升，預測年銷總額可達人民幣七千多萬元。

大中城市的餐館、舞廳以及最近時興的夜總會和商業網點的改建、擴建裝飾工程大多要搶在黃金時間開張，對裝飾裝潢來説，要貨特急。不少合資企業和外商獨資企業紛紛請來港台著名設計師，如上海南京西路上海商城的中國酒家室內即為香港設計師裝飾。位於上海淮海中路上海市電影局原址上興建的一座現代化娛樂中心，最近亦為港澳龍鵬集團著名設計師馬紹傑中標，工程將由澳門振華集團等參與。一些台商經營的餐館、迪斯科舞廳、卡拉OK和KTV包房以及夜總會等也常由台灣設計師設計，大部份裝飾裝潢材料亦從台灣或國外進口。許多餐館的裝潢費用都以百萬元計。

裝飾標準無論在設計還是施工質量和飾材選用上，要求越來越高。以住宅裝飾為例，據調查已有百分之三十五的居民不滿足於局部裝修，逐步轉向整體裝修，約有百分之十五的舊房居民採取翻新改造。前幾年，一般家庭只裝飾地面，如今不但對牆面、地面，而且衛生間、廚房的頂棚、過道裝飾都十分講究，並增加了對會客、娛樂區域裝飾的投入。家庭裝修費用一般都在人民幣萬元以上，有的已超過三萬元，裝修標準賓館化、超前化。

展望裝飾市場前景

據行家分析，今年大陸裝潢產品中，木製長條企口地板將重唱「主角」，需求量約佔新裝修户的百分之八十；地毯銷勢有新的起色，闊幅中檔仿羊毛毯頻頻告急，膠合板貨緊價揚，白色和竹紋寶麗板搶手，價格還有上漲可能；用途廣泛的鋁型材及各種不鏽鋼管、角等裝潢產品，市場十分走紅。其他如高檔潔具、水暖五金件、不鏽鋼廚房設備和新穎紡織裝飾類等商品銷售量都將直線上升。

對於大陸來說，室內裝飾是一新興行業，缺門產品甚多。據上海市室內裝飾行業協會的一份材料顯示，預計到一九九五年末，上海將開發二千六百多種新型、高檔的技術密集性產品，如高檔的水暖五金件、玻纖膨體紗窗布、彩色陶土磚、彩板空腹窗、電腦集控報警裝置門鎖、電子感應卡片鎖、節能高效的冷光束光源、聲控變色調光燈、八面發光光導纖維燈、阻燃印花簇絨地毯、阻燃複合紡織牆布、闊幅印花裝飾面料等。

大陸舉國上下都在力爭北京申辦二〇〇〇年奥運會成功，上海也在大興土木開發浦東新區並建成名符其實的遠東工商大都會和國際經貿金融中心，裝飾裝潢市場前景看好。

個人電腦商機誘人

■史維

大陸電腦產業起步較晚，現主要還是在企事業單位辦公室自動化進程中唱主角，但近來也開始走進家庭，據一項統計數據表明，大陸目前個人電腦累計量為七十萬台，其中約有百分之五進入家庭。

電腦將成新一代的「三大件」

深圳特區家庭擁有電腦率最高，已超過百分之三十。上海家庭擁有各類微型電腦約七、八千台。大陸電腦最大的個人買家是作家、藝術家、編輯、記者、職業股民、研究人員、出洋歸國人員和望子成龍的家長，其中以作家和藝術家的擁有量最高，去年（一九九二）底，在北京召開的主題為文學、理論界與電腦科技界架起溝通的橋樑的「作家換筆大會」，近百名知名作家、藝術家與國內外八家著名電腦公司代表參加了會議。會議透露的信息表明，個人電腦在作家的普及率已達百分之六十以上。用電腦寫作較早的北京作家史鐵生，他下肢癱瘓，坐在輪椅伏案筆耕困難可想而知，用電腦後，成績斐然佳作連篇，自己也幾乎成了電腦專家。

市場經濟的發展，大陸同胞的生活也起了變化，每天需要處理的私人信息急劇增加。證券投資人要記錄開盤價、最高價、最低價、收盤價、成交量、市盈率等，還要對數據進行分析，作出買、賣或留之處理，他們希望借助電腦運籌帷幄，以便決勝千里。私營業主、個體户、經紀人、推銷員要使用電腦準確及時地檢索客户資料和清理帳目。家庭主婦靠電腦輔助管理家政、記錄菜譜、教育孩子，一家人也可玩電子遊戲機，以及當電子合成器演奏音樂等。

隨著改革開放力度的加強，家庭電腦化將是必然趨勢，經濟學家已將個人電腦與摩托車、攝像機一起，列入新一代的「家庭三大件」，據此推測，未來二、三年間，電腦會以相當規模進入大陸家庭。

軟件開發技術落後亟需加強

當今電腦技術的發展，經歷了數據處理、文字處理到圖片信息處理、影像信息處理、和聲音信息處理幾個階段，大陸現基本上還處於第二階段，自行生產個人電腦的歷史也不長，市場上「舶來品」佔多數。時下，購買一台一般水準的標準配置二八六機型加一台九針打印機，約人民幣六千元，與一台大屏幕彩電價格相當，也相當於工薪階層之一年收入。因此，家庭購置電腦在選擇配套硬件設備時，精打細算地按輕重緩急逐步配置硬盤、軟盤、打印機、UPS、鼠標儀等硬件。

個人電腦之普及還需一段時間，但消費者購買慾正日趨增強，目前關鍵是大陸自電腦產業尚不完善，尤其是在致力於硬件升級換代的同時，軟件開發未能跟上。電腦商也看好家庭這個廣闊市場，可是沒有軟件帶動，電腦絕不會成規模地走進家庭，買了電腦缺乏軟件，等於買了一個頭腦簡單的傻瓜。現在大陸買家庭電腦的人，主要把它當文字處理機用，相當於一台輔助編輯和儲存文件的打字機，實為大材小用。台灣電腦同業如能在硬件開發同時，提供一批適合家庭需要的軟件，如營養菜單配置、家庭帳務處理、家庭實用軟件大全和股票行情分析等，如此配套必受用户青睞。

中小學計算機敎育將漸普及

儘管大陸目前個人電腦人均擁有量與歐美等發達國家無法相比，可喜的是教委最近決定今後每年對百分之一的中小學校配置計算機輔助教學設備，以逐步實現中小學計算機教育。大陸現有六十萬所中小學，如果每個學校配備二十五台計算機，每年就需要二十萬台家庭教育電腦；如果學校進行計算機教學，家庭受影響的比例是一：一，那麼又需要約二十萬台電腦進入家庭，對台灣電腦業來說，這又是一個多麼誘人的數字！

摩托車開出一片天

■史維

台灣摩托車製造商正在瞄準大陸市場，有家公司已計劃耗資一點六億美元在大陸生產摩托車，大陸同業密切關注看這一合作項目的進展，衆多買主也期待著高品質的新型摩托車問世。

摩托車儼成熱點商品

據統計，目前大陸摩托車的社會擁有量已達六百萬輛。近五年間，儘管大陸各地生產的摩托車年年漲價，銷售量每年仍遞增百分之二十三點八，勢頭迅猛，去年（一九九二）在上海舉行的商品交易會上，各種摩托車相繼漲價百分之五至百分之十，需求卻益加強烈，尤其是內蒙古、新疆、甘肅、寧夏等邊遠地區的商家，紛紛開具了數目龐大的要貨清單。

大陸改革開放後，一大批先富的人，在交通工具選擇上，已跨越了自行車層次，摩托車成了消費熱點。如鄉鎮企業最發達的地區江蘇省常州地區，按累積銷售量推算，去年摩托車擁有率已突破百分之二十，連歷來貧窮的蘇北大豐地區，摩托車擁有率也達到了百分之十。

可靠安全性問題嚴重

摩托車市場持續看好，不少廠家倉卒上馬盲目爭搶市場。有些中小型廠，乃至手工作坊式的鄉鎮企業，根本不具備關鍵部件生產的條件，亦無檢驗設備，對零部件的質量控制和整車質量均難以保證，使摩托車的可靠安全性成為一個嚴重問題。

不久前，大陸技監局對各地生產的十五種摩托車進行質量抽查，結果有四種不合格，不合格率佔抽查總數的百分之二十七。

大陸規定摩托車的可靠行駛考核里程為六千公里，許多企業都達不到此要求。這次抽查中可靠性不合格的樣品就有五個。在六千公里考核中，平均每輛摩托車發生故障二點七次，也即平均每行駛八百零五公里就發生一次故障。浙江臨海鹿城摩托車公司的產品在做制動試驗時，後輪煞車搖臂內花鍵全部被拉光打滑。瀋陽黎明發動機製造公司的摩托車一個後輪共有十七根軸條，僅行駛一千三百公里就斷掉八根。更多的摩托車電路防水性差，一洗車就引起電路故障，燈泡燒壞，減震器要嘛太硬失去減震作用，要嘛滲油制動拉線鋼索自行伸長，致使制動性能惡化。專家認為，這些隱患都將誘發嚴重故障，成為質量安全事故的潛在因素。

一二五型摩托車看好

目前，大陸摩托車市場最暢銷的首推日本本田、鈴木的產品，大陸本地產品以上海易初摩托車公司的幸福牌行銷。但幸福牌是二五〇系列普及型，現二五〇J型出廠價為人民幣四千五百元，零售價為五千一百三十元，商業利潤率達百分之十四，高於名牌自行車和電冰箱，商業部門有利可圖，極願推銷。易初公司現正引進本田技術的一二五系列，消費者對一二五型車更為看好。

摩托車市場還決定於交通道路狀況，像上海這樣的大城市，在交通未改善前，對摩托車牌照一直嚴叵控制。而大陸廣大腹地，尤其是農村，急需摩托車這一運載工具。據交通系統資料，大陸已有一百多條國道基本實現一、二級化，有些地區鄉鄉通了公路，比較良好的路況路貌，為摩托車消費創造了條件，一旦大陸農村普及了摩托車，將會成為全球之最大市場。

自行車市場空間大

■史維

台灣巨大機械工業股份有限公司已在江蘇昆山投資二千九百萬美元，創建獨資企業捷安特中國自行車有限公司。同時攜四十餘家配套廠到昆山落户，在昆山開發區內建設一座自行車城。上海自行車廠最近也與台灣、美國五家企業在浦東開發區張橋工業小區合資興建永勝自行車有限公司，成為上海自行車行業首家合資企業，總投資一千五百萬美元，專業生產國際市場新潮款式的自行車，年產一百萬輛。台灣自行車廠商叩開了被稱為「自行車王國」的中國大陸之門，給這一王國帶來了新的活力。

式樣老舊競爭力弱

自行車是大陸同胞主要代步工具，現年產量約四千萬輛，市場歷久不衰。

在大陸，無論城鎮或農村，幾乎家家户户都備有自行車，有的還不只一輛，需求量之大，常使「皇帝女兒不愁嫁」。

改革開放使一批洋牌號自行車進入大陸市場，儘管這批新品車價格較高，如斯波兹曼變速賽車、山地車每輛售價人民幣四百多元和七百元左右，而上海名牌鳳凰六五型男女輕便車每輛僅三百至三百五十元，洋車銷勢仍不比滬產老名牌車差。

數十年來，大陸自行車出口創匯增幅緩慢問題癥結在於新品種不多。目前國際自行車市場呈現材料輕型、用途多樣、組裝簡便三大特點，即選用特種優質管材、鋁合金、工程塑料等原料，力求生產的自行車重量輕、結構新，具有一般使用和鍛鍊身體，娛樂興趣等功能，不用時可折疊裝入包內，適用於旅遊。而這些已是「自行車王國」的缺門，台灣同業填補此空白，備受大陸億萬自行車主歡迎。

助力自行車市場前景好

據中國工商銀行輕工三大件信息網最近對大陸三十三個城市，三個縣市的自行車市場調查結果表明，除老名牌車外，眼下山地車、變速車較為熱銷。據信息資料統計，今年（一九九三）上半年可銷售山地車五十一點九萬輛，其中百分之八十七點五為內銷。各類變速車尤其是輕便型變速車銷勢也好。至於一些雜牌車款式陳舊、品質差，幾乎無人問津，大部份省市的自行車廠都減產或產品積壓，不少商店只能降價處理。

近年大陸一些企業開發的汽油助力自行車，頗受消費者青睞，其優點是省力、省時，又便於操作，體積與自行車相仿，便於停放，價格介於自行車與摩托車之間，如上海生產的幾種助力自行車每輛售價約一千五百至二千元人民幣，普通家庭尚能接受。特別是在時間就是金錢的今天，越來越多的人不願意把時間浪費在來往交通上，大陸一些城市公交車輛擁擠，市區道路堵塞情況較為嚴重，助力自行車靈活自如，正合所需。

據上海商界人士預測，將有百分之五十的自行車主要改換門庭，棄自行車而投資買助力自行車。對於大陸城市居民住房不甚寬敞的情況下，助力自行車自然成了首選的現代化代步交通工具，市場前景看好。但目前大陸市場上供應的助力自行車品質參差不齊，買主顧慮甚多。上海紅旗車輛廠生產的雙翼TN九一四型助力自行車，其主機是採用日本小松枝技術生產的單缸二衝程汽油機，年產量不及二萬輛，該廠試製原裝日本小松主機的助力自行車要到明年才能投入市場。供需矛盾十分突出，台商何不加盟「自行車王國」再顯身手。

傳眞機市場錢程似錦

■史維

台灣新推出之集電話、答錄機、傳真及影印功能為一體的四合一傳真機消息在大陸報紙披露後，令彼岸通信產業同行密切關注。在當今深化經濟體制改革，發展市場經濟和強化對外開放的時代，大陸亟需應用傳真機準確而迅速的傳遞信息，辦理業務，傳真機市場尚待開發，前景極為廣闊。

需求量每年增長30%

高速圖文傳真機能高速、高傳真、遠距離傳送各種文件、圖表的真跡，具有電話、電報電傳等無法比擬的優點，凡電話可達到的地域，傳真機信息均可到達，目前大陸普通傳真機市場售價每台約人民幣五千元，價格適中，且因其操作簡便，深得用戶歡迎。

大陸有幾百個城市，幾千座縣城，幾十萬個鄉鎮及星羅棋布的企業、商貿公司，以及各級黨政機關、新聞單位，還有衆多台商、外商的代理人和一大批新崛起的經紀人都要使用圖文傳真機，市場需求量極大。

據大陸有關部門對人均收入、郵電業務總量、長途電話線路、市內電話現況和通訊發展趨勢所作的調查分析，今後大陸對傳真機市場需求量將以每年百分之三十的速度增長，預計到一九九七年，大陸傳真機市場擁有量將達到八十六萬台，到一九九八年達一百萬台，二〇〇〇年將超過二百萬台。

大陸傳眞機生產能力不足

目前大陸僅少數幾個企業能進行傳真機CKD裝配，年生產能力不足十萬台。鑑於傳真機上的三個部件：高速調制解調器、掃描器和熱感打印頭大陸尚不能生產，故這些企業多為中外合資型，以輸入組件組裝生產，如廣東東莞誠德電訊製品有限公司生產的捷達牌FAX－一〇〇一傳真機已獲ISO九〇〇一國際認可品質保證書，上海泰利通信設備有限公司生產的MRFAX－九八傳真機適用於國際標準G三及G二通訊方式，能與世界上任何傳真機自動連接，但其產量均有限。上海浦東新區內新掛牌的上海傳真機公司，投資四點五億元人民幣，為大陸生產規模最大的傳真機生產基地，主要開發生產三類高速圖文傳真機、超小型傳真機等一系列高新技術產品，公司將選擇與國外有實力的大公司為合作伙伴，實行傳真機整機、關鍵件一攬子合資合作，計劃在一九九四年達成圖文傳真機開發系統和生產傳真機十萬台，一九九五年形成年產四十萬台至六十萬台傳真機生產能力，產品百分之五十外銷，年銷售額將超過人民幣二十億元。

眼下，大陸傳真機市場幾乎為日貨一統天下，佳能FAX－四九〇售價人民幣一萬三千五百元、松下KX－F九〇六售價人民幣五千二百元，銷勢甚佳。台灣新型傳真機如在大陸開發市場，「錢」程似錦。

旅遊業發展形勢大好

■王玉鳳

十五年前，鄧小平曾經在到訪的美國人面前說過，大陸旅遊很值得搞。時至今日，大陸的旅遊發展速度年年增加，似乎證實了這一條可行的道路。

去年（一九九二）一年，中國大陸全年旅遊入境人數達到三千七百萬人次，比上年增長了十一%。旅遊外匯收入高達三十六億美元，而去年中國大陸的對外貿易全部盈餘也不過較其旅遊外匯收入多了八億美元而已。

中國大陸旅遊業何以在一九九二年有如此輝煌的成就，一方面要歸功於由中共國家旅遊局和中國民航局合辦的「九二中國友好觀光年」活動的推波助瀾，另一方面也是整個改革大氣候的影響。

大限也被做爲吸引遊客點子

嘗到了甜頭之後，大陸不但更為積極鼓勵外商在大陸從事與旅遊相關的服務業，為參與國際市場競爭，開發更多國外遊客到中國大陸來「花錢」，中共最近還作出了到本世紀末推動大陸旅遊發展的中長期活動規劃；第一次的旅遊高潮是一九九四年的「東亞太旅遊年」，以國際合作的形式，與香港旅遊界聯合在港舉辦「九四旅遊交易博覽會」。第二次的高潮則在一九九七年，以收回香港主權大作文章，準備與香港旅遊組織聯合舉辦「九七中國旅遊年」，促使大陸與香港、國際的旅遊業更緊密結合。之後則是在一九九九年或二〇〇〇年；若申辦奧運會成功，則以此超級題材，爭取歐美日外國遊客創造大陸旅遊高峰。若申辦未成，則以一九九九年的慶祝建「國」五十週年和收回澳門為主題，推動再一波的中國大陸旅遊熱潮。

目前大陸出現了一種趨勢，在各地紛紛以各種優惠條件吸引外商投資的同時，一些欠缺資源不具工商發展條件的貧困省分，則另闢蹊徑；以「旅遊經濟區」為突破口，把旅遊業當作是支柱產業，推出活動以及優惠，以旅遊優勢帶動外匯收入和企業對外發展。例如山西省要以五台山旅遊經濟區帶動全省經濟，安徽省也確立了該省旅遊應以黃山、九華山為中心，作超前發展的政策導向，以旅遊促進經濟發展。而作為長江三峽旅遊熱線終點的重慶，也推出了如旅遊商品試銷期間，可自主定價，並享有免稅待遇，增加旅遊企業的自有資金留成等種種優惠措施。

對於外商而言，以往一窩蜂到大陸興建酒店、旅館的行動目前應有所緩和，雖然中共當局企圖明顯地想以辦旅遊特區的方式吸引外資，所謂的「旅遊特區」是在旅遊資源豐富的省市當地，劃出一定面積建立特區，在旅遊特區內可享受經濟特區對外資的優惠政策，對於進入旅遊特區的旅客，可採取落地簽證的方便措施。另外，外商投資旅遊業可享有關稅優惠等好處。不過，除了利用當局的優惠政策，重要的是外商必須要了解如何運用大陸的自然風光、名勝古蹟、特有民俗文化等好「素材」，加以包裝，作有效益的投資。

旅遊軟體還是處女地

過去外資對中國大陸旅遊業的投入大多用於酒店等硬體設施上，較不注意旅遊業所最倚重的是質優多樣的軟體，一般旅遊景點依其本身自然條件可概括分為名勝古蹟型、自然風光型和休閒度假型，事實上，大陸有相當多不錯的地點可供發展。然而目前大陸的旅遊外匯收入與其豐富的自然資源是不成比例的。

在海南三亞市，一群台灣來的旅客面無表情地待在飯店大廳，一名男士說，「如果到這裏來只能看海和沙灘的話，我們不如回去算了。」一位中年婦人也有點憤憤不平地表示：這次他們在海南的旅程，除了欣賞一些風景海岸外，好像什麼也沒玩到，「連海口也只有一些水準不高的KTV而已」。一位經常來往台灣大陸之間的商人則說：「許多大陸的名勝就好像大拜拜的場面一樣，遊客没有得到應有的遊覽價值，遊興自然大減，以後就不想再來了」。

遊樂設施配古蹟風光

具體而言，台商對於大陸旅遊業的投資應以軟體為主，因為建酒店熱潮的結果在幾年後可能會出現如惡性競爭、資金積壓等情況，而從事娛樂設施的投資，反而等於是擁有這麼多酒店住客的基本客源，除了與當地政府合資或承包旅遊景點內的遊樂設備及販售點外，亦可以考慮引進台灣流行的射擊、水上活動（如電動船、遊艇）、空中活動（如滑翔翼）、以及大型民俗、藝術巡迴表演等目前大陸尚不流行或未有良好經營管理的項目，充實大陸未完全開發的旅遊軟體。

另外，也有台商有意與大陸有古蹟的當地政府合作，將歷史人物的陵墓重新維修、管理，並配合興建相關博物館、立體劇院、手工藝品展售中心，以現代化的經營方法，為古蹟勝名帶來新的一番景象。在以自然風光為主的遊覽地，則以度假村的形式為宜，但目前大陸少有的度假中心其內部的休憩遊樂設備與台灣及國際上的度假勝地尚有一段差距，不過中共當局對夜總會、俱樂部等的開放、管理已有漸漸放鬆的趨勢。

境內國民旅遊市場大

而在大陸經濟水平不斷提升的同時，大陸民衆也漸漸重視起休閒旅遊，去年大陸出境旅遊人數首度突破八十萬人次，已經有台灣的旅行業者打起了他們的主意，準備接大陸團，這些人是屬於大陸的高消費群，大陸內部還有更多民衆因種種限制，不易出境，便會在大陸境內旅遊消費，此時若是能樹立起特殊新奇，令大陸民衆眼睛為之一亮的旅遊特點，全中國內部不出境的旅遊人口，本身就是一個大得驚人的市場。

綜合看來，在中共確立以旅遊作為大陸第三產業「排頭兵」：並給予「旅遊經濟特區」特殊而優惠的政策之下，外商投資大陸旅遊業未來可能會由投資單一行業往多業發展，例如航空運輸、汽車維修、裝潢工程、景觀建設、食品加工、工藝禮品處理等，甚至可能有專門教育旅遊服務人員的職業訓練班出現，這也正是台灣商人利用其KNOW HOW及更具國際眼光創意優勢；在大陸旅遊市場及相關行業發展的最好時機。

玩具業身段正俏

■石安亭

在大陸首家享有自營進出口權的商業企業——上海東方商廈內，台灣的電動玩具與聞名世界的日本尼可產品，美國迪尼斯系列產品和丹麥的智力玩具等，並肩陳列在兒童用品商場，儘管這些舶來品價格遠高於當地產品，如一輛西班牙仿真雅馬哈太子車售價人民幣五千多元，商場經理坦承：「我們的生意不愁做」。

玩具產銷前景看好

大陸現有玩具生產廠二千多家，年產值人民幣約五十五億元，品種一萬多種，包括金屬、竹木、布絨、塑料、皮毛、電子玩具和童車等其中百分之九十以上屬現代化玩具，功能也由過去單純的慣性發展為電動、遙控、先控、聲控等新型電、聲、光高技術玩具。年出口創匯約八億美元，初步形成了上海、北京、江蘇、廣東、福建等地的玩具生產和出口基地。

但上述數字與大陸市場需求及世界玩具市場相比，差距甚大。根據調查測算，大陸城市兒童每人均玩具需求量約人民幣二十元，農村約五元，按現有兒童三點八億人計算，玩具的需求量約三十億元，若再加上成年人對玩具的需求，估計年需求在五、六十億元左右，但目前實際年供應量不足十億元，平均每個兒童僅二元多，供需矛盾十分突出。因此玩具市場一直處於暢銷狀態，以上海市第一百貨商店玩具櫃為例，六十多名營業員每天要接待四萬多顧客，平均每月玩具銷售約人民幣四百萬元。

目前，世界玩具總值約四百億美元，貿易額達一百六十億美元，大陸貿易額所佔比重僅百分之五，遠不及台灣和香港，尚處於初創階段。玩具品種大陸雖有上萬種，為國際上四萬餘種玩具的四分之一，但多為模仿品，與國際水準尚有十至二十年之差距。

玩具市場四大特點

如今，大陸玩具市場呈現四大特點：

一、多功能高檔次玩具備受青睞。以布娃娃為例，人們不僅滿足於其外形漂亮可愛，還要它會哭、會笑、會說話、會唱歌。電動玩具也從單一功能轉向多功能、檔次高、動作新奇多變、聲光電並茂、表面色彩艷麗、包裝精美，既能滿足兒童好奇的心態，又符合饋贈需求。如電子發聲飛機、宇宙車、遙控賽車、皇家警車等這類玩具充電後行動自如，聲形逼真，十分暢銷。

二、智力教育玩具經久不衰。以拼接組合為主的傳統的智力玩具，由於能鍛練兒童動手動腦，培養他們想像力和操作能力，加之價格較低，壽命較長，深受普通家庭歡迎。上海有家教育玩具商店，出售益智玩具二百餘種。如迷你世界智力玩具，它由數十塊彩色的塑料鑲嵌件，圖型奇特不成規則，供三至十歲兒童憑著空間想像，可以製作許多動物造型，低年齡可照圖製作三十五種動物。這一教育玩具可促進兒童精細動作和解決問題的思維能力。同時在包裝盒內有一科學測智力表，在規定時間內，拼出多少造型，得智力分數與創造力分數，家長可藉此測定子女與同年齡相比之智力水準。

三、工藝性、裝飾性玩具深受歡迎。具有中國民間藝術特色的工藝娃娃行銷海內外，深得寵愛，尤其是長毛絨玩具近年行銷市場，上海市第一百貨商店設有專櫃供應，日銷售額高達人民幣數萬元，這已成為老少皆宜及家庭裝飾玩具。過去以「静」為主，如今出現「動態」玩具，如電動熊貓能走能叫會搖頭晃腦，電動狗會翻筋斗會轉頭擺尾，還會「汪汪汪」叫。

四、高中檔童車銷售日趨活躍。以往熱銷的鐵背三輛車、扁鐵兒童推車，現已乏人問津。款式新、造型美、品質優、功能全的童車，尤其是電瓶車最受歡迎。新上市的奔馳電瓶警車、吉普車造型，車長約八十公分，車高約二十公分，採用蓄電池，充一次電可使用四小時，負重四十公斤，四、五歲兒童可自由駕駛，每輛售價人民幣三百二十多元，銷路順暢。

大陸玩具業的困境

玩具是一門綜合性很強的產業，它涉及到電子、化工、五金、機械、美工、兒童心理學等多學科，是一個科技含量極高的產業。大陸玩具製作雖有悠久歷史，但現代玩具工業之基礎十分薄弱，整體素質較為落後，不少玩具企業至今還是土設備土機器，生產「土玩具」，安全、性能、外觀、壽命四方面都存在嚴重問題，據大陸玩具產品質量監督測試中心對一百零三家企業的一百五十二個品種的機動玩具（包括發條、慣性、電動三大類）進行分等分級檢測，結果不合格率高達百分之二十八。如有的薄鐵皮玩具，邊緣不捲邊，鋒利快口宛如快刀，兒童玩耍時極易劃破手指。玩具槍彈射力過大，不小心易射在他人視網膜上，造成傷害。電動長毛絨玩具的零件如眼睛、鼻子等，安裝欠牢，一拉就掉，產生被孩子吞噬的隱患。

此外，大陸玩具設計製作模仿有餘，創新不足。近年雖不斷引進海外玩具作為「藍本」，但僅是依樣畫葫蘆，捧著外國樣品照抄，設計力量十分薄弱。

求助辦合資企業重振玩具業

大陸玩具業界人士指出，欲成為世界玩具生產大國，急需從國外引進技術、資金和管理經驗，在各地辦一批合資企業，用新設備、新技術、新材料、新工藝來改造土設備、土機器才能重振玩具業。

上海因具有工業基礎好、技術力量強的優勢，已被香港玩具商看中。上海閔行開發區的首家合資企業即是與香港環球集團合資的上海環球玩具有限公司，合資公司開辦十年，生產仿真汽車玩具，產品百分之八十遠銷歐美市場。

近日香港老闆又籌劃在浦東新區建設一個「玩具城」，造一批標準廠房，把上海市區因廠房狹小限制發展的玩具廠遷過去。同時準備和上海玩具公司合資改造老的玩具廠，更新廠房和生產設備，集中力量開發上海玩具的缺門，如鋅合金玩具和船、飛機、汽車等組合模型玩具。

目前大陸各類玩具的發展極不平衡，市場上的玩具大多適合於三至六歲的兒童，嬰兒玩具缺，弱智、殘疾兒童玩具，以及成年人玩具、老年人玩具更是空白。這是外商的一個投資機會。

工商時報〈決勝大陸系列〉⑤

行銷大陸市場

——掌握十億人口消費流通脈動

發 行 人／余範英
社　　長／彭垂銘
編輯委員／鄭家鐘・鄭　優・張水江・戴玉麒・康復明・李孟洲・趙政岷
主　　編／工商時報大陸新聞中心
責任編輯／劉素玉
責任校對／侯明利
封面設計／林健祥
封面攝影／中國時報周刊提供
發 行 所／工商時報社
地　　址：台北市大理街132號
電　　話／（〇二）三〇八七一一一
電腦排版／金威電腦排版有限公司
印刷製版／錦龍印刷實業股份有限公司
登 記 證／行政院新聞局局版台業字第〇二一四號
出版日期／一九九四年二月初版
定　　價／二二〇元

國立中央圖書館出版品預行編目資料

行銷大陸市場：掌握十億人口消費流通脈動／
工商時報大陸新聞中心主編. －－初版. －－臺
北市：工商時報，1994［民83］
面；　公分. －（工商時報叢書，決勝大陸
系列；5）
ISBN 957-8733-08-9（平裝）

1.經濟－中國大陸

552.2　　83002026